普通高等学校艺术设计专业“十四五”规划

文化创意产品设计

主　编　吴锡平　任广军

副主编　赵　卫　仲　璐　刘晓丽　王　荔　李　博

南京出版传媒集团

南京出版社

图书在版编目（CIP）数据

文化创意产品设计/吴锡平，任广军主编. —南京：南京出版社，2021.9（2023.1 重印）

ISBN 978-7-5533-3366-3

Ⅰ.①文… Ⅱ.①吴… ②任… Ⅲ.①文化产品—产品设计 Ⅳ.①G114

中国版本图书馆CIP数据核字（2021）第156483号

书　　名　文化创意产品设计
主　　编　吴锡平　任广军
出版发行　南京出版传媒集团
南　京　出　版　社

社址：南京市太平门街 53 号　　　邮编：210016
网址：http://www.njcbs.cn　　　电子信箱：njcbs1988@163.com
联系电话：025-83283893、83283864（营销）　025-83112257（编务）

出 版 人　项晓宁
出 品 人　卢海鸣
责任编辑　杨福彬
责任印制　杨福彬

排　　版　南京私书坊文化传播有限公司
印　　刷　南京璇坤彩色印刷有限公司
开　　本　787毫米×1092毫米　1/16
印　　张　9.5
字　　数　208千字
版　　次　2021年9月第1版
印　　次　2023年1月第2次印刷
书　　号　ISBN 978-7-5533-3366-3
定　　价　59.00元

用微信或京东APP扫码购书

用淘宝APP扫码购书

前言

Preface

应用型导向下的创新型设计人才培养，应在统筹通识教育、能力培养、综合素质塑造的基础上，注重专业知识积累、技术技能实践和品格素质养成，树立正确的艺术观和创作观。强化项目化、实战化、市场化的教学手段，在教学过程中，既要重视个人专业能力的养成，又要注重团队合作能力的加强，我们积极思考新时期新环境下设计类专业应用型课程的改革发展，整理编写符合学生能力基础和发展预期的教学资源。

文化创意产品设计是视觉传达设计、广告艺术设计等专业的一门重要专业课程，也是学生深入了解传统文化、建立文化自信、养成职业素养的典型课程。因此，本书将家国情怀、传统文化等人文元素融入其中，从“立意、明理、躬行”三个维度传授知识、培养能力和塑造价值。坚持应用型课程导向，多以实际案例来阐述主要知识点，并对具体的内容与方法进行阐述，进而启发学生的学习兴趣，增强学习的主动性。

《文化创意产品设计》一书是编者根据近年来在教学中遇到的问题，广泛参考近年来出版的专著、教材等文献编写而成。本书强调知识结构的完整性、知识要点的实用性，通过生动的文字与丰富的图片内容，帮助学生加深相关知识的理解，使学生能够对文化创意产品的基础概念、创意路径、设计流程、专题设计等内容有较为充分的了解。

另外，本书亦可作为专业设计机构从事文化创意产品设计的相关人员及相关专业学生的参考用书。

本书在编写过程中获得无锡商业职业技术学院“融媒体设计与制作科研创新团队”项目资助（XTD202105）；感谢江南大学设计传播机构及其文创品牌“熙攘”为本书提供了丰富的优秀设计案例；感谢南京出版社为本书进行的编辑与校对工作。由于编者实践经验和理论水平的限制，书中不足在所难免，限于篇幅，内容未免粗略，敬请读者批评指正。

编　者

2021 年 8 月

目录

Contents

第三章 文化创意产品设计流程

第六章　旅游纪念文创产品设计

第一章

文化创意产品概念解析

文化创意产品是特殊的一类文化产品，简称“文创产品”。这类特殊的文化产品可以是旅游纪念品、文化礼品、饰品、民俗活动用品、传统节庆用品、文具用品、玩具、厨具、餐具或其他日用小商品等，但并非所有日用小商品都是文创产品。一盒阳山水蜜桃、一双老北京布鞋或一瓶巴黎古龙水都可以充当旅游纪念品，却未必属于文创产品。然而一旦水蜜桃经过适度包装，老布鞋融入现代设计元素，古龙水加上有意味的文化设计，便可成为具有文化意涵的文创产品。换言之，文创产品的特殊性在于其既具备日用功能，又拥有文化内涵，创意、艺术与技术等要素都在其中扮演着不同的角色。因此，弄清文化、艺术、技术与创意等概念是把握文创产品设计方向与设计方法的前提。

第一节　理解文化与艺术

1. 艺术本质与文化定义

文化与艺术是两个不同的概念，艺术的本质在不同时代也有不同的解释。在古希腊哲学家看来，艺术是现实世界的模仿或再现，而现实世界是对理念世界的模仿，所以艺术是“模仿的模仿”。这一学说在18世纪末受到欧洲浪漫主义思潮的冲击，浪漫主义艺术家认为艺术不是模仿外在客观世界，而是艺术家情感或主观心灵寻求表现的冲动，艺术的本质被界定为“自我表现”。20世纪初，英国形式主义美学家克莱夫·贝尔根据对后期印象派绘画作品的研究，提出绘画的本质在于线条和色彩的排列组合能激起人们的审美情感，这些审美感人的形式是“有意味的形式”。从此，“有意味的形式”成为一切视觉艺术的共同性质。此后，有关艺术本质的争论并未停歇，西方社会的艺术创作实践在整个20世纪出现了各种反传统、颠覆性的思潮或流派，然而不论是“模仿的模仿”“艺术即表现”“有意味的形式”，还是现代、后现代的潮流，艺术终究不需要考虑“有用性”，甚至无需带给人们以视觉享受。从马塞尔·杜尚的作品《泉》开始，此起彼伏的艺术潮流，包括现成品艺术或现代主义艺术作品，都逐渐远离普通人日常认知的那种“美”的体验。

与艺术概念不同，“文化”（culture）一词在文艺复兴之后才出现在西方的著述中。与英文culture最接近的词源是拉丁语的cultura，其本义是“耕种、种植或照料”，这些都是人类的行为或活动，是人所经历的一种特殊的“过程”。因此，“文化”在所有早期的用法里是一个表示“过程”的名词，意指对某物的照料，具体来说，主要是指对某种农作物或动物的照料。经过三百多年的历史变迁，这一“过程”从照料植物的生长、照料动物的成长逐渐演变为照料人类的心灵，最后衍生为照料“人类发展的历程”。为此，英国学者雷蒙·威廉斯通过对词义演变过程的追溯，将文化定义划分为三种类型：第一，文化被用来描述18世纪以来思想、精神与美学发展的一般过程，代表人类自我的完善状态，是一种“理想的文化”，如心灵的普遍状态或习惯、知识发展的普遍状态、各种艺术的普遍状态等。第二，文化被用来表示某一人群或某一时期的特殊的生活方式，是一种“社会性的文化”。生活方式是由物质、知识和精神等多个层面构成的，必然包含知识和艺术的创造活动，包含特定的意义和价值的传达。第三，文化被用来描述知性或想象的作品与活动，主要指保存人类的思想和经验的各种具体形式，如艺术作品、哲学著作、历史书籍等。

在第一类定义中，所谓“人类自我的完善状态”显然不是文化产业可以生产的内容，而只能体现在产品设计师和消费者的文化修为或理解能力中；在第三类定义中，艺术作品与学术著作也不是职业设计师可以设计的产品，哲学家或许会将其著述视为

“艺术之作”，但不会把自己当成“产品设计师”或“符号创作者”，而且哲学著作、艺术作品或历史著作等也很难成为大众消费品。于是，文化产品之“文化”只能属于第二类定义，即“某一人群或某一时期的特殊的生活方式”。这意味着文化产品之文化既不是柏拉图所言的“模仿的模仿”，也不是设计师“情感或主观心灵寻求表现的冲动”或“有意味的形式”。威廉斯所说的“某一人群”指的是某一民族或某一地域，那么“特殊的生活方式”就是指某一民族或地区在特定的历史时期的生活习惯、宗教信仰、价值观与生存方式。因此，文化产品其实是特定人群日常生活面貌的一种反映，而文化产品设计师就是通过设计新的产品，创造某种新的或更加美好的生活方式。

为了让新的生活方式为大众所接受，新产品必须是有用于生活的，即具有实用性。同时，人们都向往美好的生活，都追求视觉享受，因此文化产品设计师依然要依托于“有意味的形式”，即艺术性。换言之，艺术之于文化产品的作用是为产品的“有用性”披上一件“审美的外衣”，而文化则是连接文化产品与生活世界的纽带，是文化产品有用性的基础。值得指出的是，由于文化是一种“过程”，通常不会产生突变，所以文化创新一定是立足于传统的，不仅离不开生活现实，也离不开历史传统；文化产品设计师不仅要掌握熟练的设计技巧、懂得艺术原理，还要熟悉生活、了解历史。

2. 文化产品与艺术作品

根据国家统计局发布的《文化及相关产业分类（2018）》，文化产业指“为社会公众提供文化产品和文化相关产品的生产活动的集合”，其核心是为直接满足人们的精神需要而进行的创作、制造、传播、展示等文化产品的生产活动。文化产品的类型包括新闻（包括数字媒体）、出版物、影视节目、文艺节目、动漫、游戏、工艺美术品、广告、设计产品（包括广告设计、建筑设计、工业设计和其他专业设计）、旅游产品（包括景区游览和各类休闲娱乐项目）、文化用品与消费终端等。

在这一分类中，虽然如报纸、杂志、电视剧、影片、动漫、主题公园、流行音乐或社交媒体等都是有用于生活的，但并不属于百姓日用的小商品，只有设计产品、旅游产品、文化用品和工艺美术品等艺术设计类产品，才有成为百姓日常生活实际用品的可能。因此，所谓“文创产品”其实是从“文化产品”中分离出来的且被赋予生活日用属性的艺术设计类产品，以及由此而形成的一个相对独立的产业形态。这类特殊的文化产品既不像报纸、杂志或广播那样受制于“时效性”限定，也不像电视剧、影片、公园、音乐等具备“分享性”特征，而通常有着特定的空间形态，是由某种物质材料制作的器具类私人用品，具有私用性的特点。

从产品设计的视角来看，具有私用性的文创产品也不同于一般的日常生活用品。它们不仅需要功能设计（功能性），还必须含有某种文化因子（文化性），通过产品的造型、色彩、纹样或材质等元素传递有意义的信息，诸如历史、故事、观念、趣味或情感等，满足人们的精神需要（文化价值）。同时，设计师要通过适当的创意和艺术表现方式在产品中植入与时代潮流相契合的审美意蕴，既满足人们的视觉享受，又适应现代的生活习惯。

然而，在产品开发实践中，文创产品的“文化性”容易被“艺术性”所遮蔽，以至于文创产品被当作艺术作品来“创作”，模糊了文化产品与艺术作品之间的界限。实际上，包括文创产品在内的所有文化产品，在本质上与艺术作品截然不同，设计师与艺术家也是完全不同的两种职业，前者是“为他”服务，服务于消费者的精神需要；后者是“为我”服务，服务于艺术家自我表达的欲望。譬如，同为荷兰国粹的工艺品木鞋（图 1–1）与凡·高作品《农鞋》（图 1–2），虽然都是荷兰人的“鞋子”，但前者是后印象派绘画的艺术作品，后者是具有旅游纪念价值的文创产品。

图 1–1　荷兰木鞋

图 1-2 《农鞋》 凡·高

荷兰木鞋与凡·高《农鞋》的相同处在于，它们都源自于创作者对于生活世界的洞察，通过艺术表现形式传递某种思想感情；不同之处在于，艺术作品不追求可复制性，而文化产品为了创造利润必然以批量复制为旨归。一般而言，传统艺术作品侧重于膜拜价值，是专属于特定的时间、空间和特殊的传统，通常是艺术家的思想自我表现或自由表达的产物，因而具有独一无二、不可取代的原创意义；而文化产品侧重于商品价值，虽然也要传播信息，但通常不是设计师个人思想的表达，而是传统文化的传播。因此，文化产品区别于艺术作品的特点主要体现在三个方面：

一是可生产性。为了实现大批量生产和生产效率的提高，文化产品必须采用现代技术手段与劳动分工的生产方式，包括现代材料、现代工艺和现代生产设备的运用；艺术作品不以批量生产为目的，反而力求避免"机械复制"，诚如本雅明所言，只有保持艺术作品的"原真性"，才不致于破坏艺术的"光韵"。

二是大众性。文化产品服务于市场，必须以用户需求作为设计的方向，是一种理性的创作；艺术作品服务于自我表现，是一种自由的创作，只要求小众精英的欣赏或认同。位于金字塔顶部的精英往往是少数，这就决定了艺术作品的受众是非大众群体。与艺术作品不同，文化产品的消费对象主要是社会大众。

三是时代性。为了确保生产商能够及时收回投资，及时获取利润用于再生产，文化产品必须让当代人理解和接受，以确保能够迅速流通于市场。相反，许多伟大的艺术作品在创作年代并不引人注目，甚至不被理解，经常在很久以后甚至在艺术家过世之后才能彰显其价值。

可生产性、大众性与时代性三大特征是文化产品“为他”设计的本质属性所决定，也是文化产品“有用性”的体现，这要求文化产品的策划者与设计师必须以用户为中心，让用户意识贯穿于产品策划、文化创意和设计探索的始终。

第二节　理解文创产品

1. 文创产品基本属性

虽然“有用性”是各类文化产品的共同特征，但文创产品既不同于报纸、广播或电视等大众传播媒介，不同于电影、游戏或主题公园景观等休闲娱乐产品，也不同于社交媒体等人际互动平台，而体现在可以为私人拥有并在器物层面满足现实生活的实用需求上，如文具、茶具、酒器、餐具、花瓶、饰品、包装或工具等物品一般，可供生活日用。因此，文创产品的特殊性在于它直接与日常生活相连接。虽然这种“有用性”表面看来只是器物层面的连接，但因文化产品之文化即生活方式，而生活方式一定离不开宗教、信仰、民俗、道德、礼仪与思维方式等多种因素的影响，因此文创产品的“有用性”其实是一种文化连接。

虽然人们的信仰、思想和审美观念等不会一成不变，日用器物的功能或品类会随着时代的变迁或生活的改善而迭代，但是，由于文化作为“过程”一般不会突变，所以历史传统必然在特定人群中形成印迹、记忆或惯性，从而在生活世界中发挥持久的影响力。这种影响将特定的人群与不同文化的他者区别开来，并且彰显特定人群的存在价值。进入 21 世纪，虽然社会发展速度越来越快，传统生活方式渐行渐远，但是越来越严重的“不确定性”问题产生了，导致对传统的回忆、依恋甚至回归的心理需求日益显现。文创产品正是在这一历史背景中，得到了社会的关注，得到了越来越多消费者的追捧。文创产品通过一般日用品所不具备的文化性，激发出了人们对于历史传统的记忆，因此在事实上成为连接现实生活与历史传统的纽带。

图 1-3　文化产品、历史传统、生活世界与生活方式的关系

实际上，生活方式总是由历史传统、文化产品与生活世界的相互影响与共同作用而形成的（图 1-3）。历史传统代表着特殊人群的文化特征及其连

续性，通常以符号、纹样、色彩或造型为表征；而文化产品代表着文明的延续与进步，既适应了现实的生活方式，又体现了未来的发展方向。因此，文化产品一端连接着过去的传统，一端连接着现实的生活，使得日常生活世界成为一种“有意义的生存”，而不仅仅是“有意味的形式”。这种“连接”既是文化连续性的表现，也是文化产品必须立足于生活世界的证明。唯有这种“连接”有效，文化产品才能被日常生活世界接纳，进而创造新的生活方式。

因此，属于文化产品的文创产品的设计关键在于“连接”的能力，这种能力及其思维方式就是“文化创意”，文创产品就是指能够连接历史传统，同时具有生活日用性的那一类文化产品。因此，文创产品的定义可以表述为：文创产品是指具有创造性思维、拥有传统文化内涵、满足现代审美需求的生活日用品。

2. 文创产品基本类型

虽然文创产品开发被归为艺术设计领域，但也不是所有的艺术设计产品都属于文创产品。按照设计学对设计对象的归纳，设计的目的有四种类型：一是用于“居住”的设计，属于“生活空间”设计，如城市规划设计、建筑设计、公共艺术设计等；二是便于“使用”的设计，即为创造新的“生活方式”而开展的产品设计，如家具设计、纺织品设计、交通工具设计等；三是利于“交往”的设计，即在生活空间中提供某种新的交互方式，如社交媒体、网络游戏、数字视频等；四是益于“传达”的设计，主要指视觉传达设计，如标志设计、插图设计、广告设计等，乃各种设计类型的基础。文创产品就其目的而言，属于“为使用的设计”。由于世界丰富多彩，人们的日用需求千姿百态，所以任何一种日常生活用品理论上都可以成为文创产品，具体表现形式多种多样，应用领域极为广泛（图 1-4）。

图 1-4　文创产品与文化产品的关系

就器物功能而言，按照不同的使用场景，文创产品可被分为以下类型：

（1）居家用品，如餐具、厨具、玩具、家具、服饰、包装用品等；

（2）公关用品，如城市宣传品、商务礼品或公务礼品等；

（3）旅游用品，如旅游纪念品、旅行用具、户外装备、饰品等；

（4）民俗用品，如传统节庆用品、宗教礼仪用品、民俗活动用品等；

（5）文化用品，如办公用品、启蒙益智用品等；

（6）其他用品，如体育用品、保健用品、食品等。

文创产品继承了传统商品的实用性功能，几乎涵盖了日常生活、工作、教育与休闲的各个方面，在经过设计师的创意设计之后加强了与特定地域历史传统的连接，同时在审美上融入现代元素，是对传统功能器物的改进和完善。除此之外，根据现代生活需求而开发的创新产品，特别是针对数字生活方式而开发的功能产品，如手机盒、手机配饰、无线耳机、智能闹钟、蓝牙音箱等，逐渐进入更多人的日常生活，日益普及。随着人工智能、5G 通讯、物联网等技术的进一步发展，智能型的可穿戴设备将成为文创产品功能开发的重要对象。

就器物材料而言，由于文创产品与人们的日常生活密切相关，因此材料选择应力求天然、环保、无毒。文创产品大致可被分为纸质品、纺织品、陶瓷、玉器、漆器、木器、竹器、石雕、砖雕、泥塑等类型，涉及的材料包括玻璃、金属、塑料、橡胶、皮革和复合材料等。材料选择是文创产品设计中的重要环节，不仅与产品的功能、结构与造型等因素相关，也会直接影响文化内涵的呈现、审美风格的表达与产品用户的体验。与传统工艺品不同，文创产品受批量生产和制作成本的影响，一般不会完全使用天然材料，而较多选择采用新工艺、新技术的复合材料。譬如，为了达到某种特别的设计效果或实现某种特殊的产品性能，纸制品可以采用特种纸或再生纸，纺织品可以采用化学合成纤维、混纺纤维或非织造布，陶瓷制品也可以通过添加某些化学元素来表现特殊的产品效果。但是不管选用哪种材料，设计师都应对材料的性质、性能与制作工艺有所把握，一方面要充分利用现代化的生产制作工艺，另一方面要学习借鉴传统制作工艺，通过传统与现代的融合提升产品的文化品位。

就器物形式而言，文创产品的设计可以分为平面型与立体型两大类。大多数以纸张、纺织物为材料的文创产品属于平面型设计，如红包、春联、门神、年历、明信片、贺卡、杯垫、桌垫、鼠标垫、冰箱贴、书签、丝巾等；其他的一般为立体型产品，如茶盏、灯具、公仔、音箱、手袋、胸针等。此外还有一类“数字型”产品，如表情包、电子贺卡、电子红包、贺年视频、生日祝福视频等。这类产品虽然属于数字媒体范畴，但是由于移动智能终端已经成为人们的随身必备用品，已经成为日常生活的一部分，成为传递情感、祝福或思想的“日常工具”，因此这类产品也可归入文创产品一类。

3. 文创产品与美好生活

作为一种特殊的商品类型，文创产品是一个崭新的概念。随着温饱问题得到解决，人们对精神领域的追求登上了新台阶，美好生活需要日益增长。文创产品作为生活日用品，“为使用设计”就是“为生活设计”，因此与美好生活期冀紧密关联。文创产品设计师正是在日常生活中发现了需求，找到了灵感，通过文创产品的设计，激发出大众新的消费欲望。日常生活并不仅是精英阶层的生活，更是基层大众的生活，因此，文创产品总是以“小商品”的面貌进入生活世界的每个角落，以满足大多数人的美好生活需要。

由于文创产品的设计灵感来自于生活需求，所以文化创意不是标新立异，而是以日常生活为根基。生活方式具有连续性，它必然是历史文化传统的延续，所以文化创意也不是空中楼阁式的文化创新，而是历史传统的延续。同理，美好生活不是对传统生活方式的颠覆或丢弃，而是一种改良或改善，通过精神需求的满足获得生活品质的提升。在一个高度技术化的时代里，这种精神需求被海德格尔称之为“回家”。从字面上理解，“回家”就是回到母亲的身边，回到出生的地方，其实是回到一种自由、自在、自然的状态，因此是幸福的、快乐的。海德格尔所说的“回家”是回到历史的本源，也就是回到人类的“母亲”身边，找到人类赖以生存与延续的根基。所以，作为服务于美好生活的文创产品，一方面要满足日常生活中的功能需求，另一方面要从历史传统中发掘出能带给现代人精神自由的东西，创造更加美好的生活世界。

因此，成功的文创产品应该能够为消费者呈现一幅美好生活的意象，或者创造一种更加美好的生活图景。从生活方式的角度来看，“美好”并不是一种形式美，而往往是某种美好的记忆，譬如童年的欢乐、父母的爱抚、家乡的山水或传统的习俗等。这些美好的记忆，对冲的是成长的烦恼、人生的孤独、城市的冰冷与生活的单调等。记忆之所以美好，是因为它们已经成为过去，留在记忆中的都已成为经典。

诚然，美好的东西不只有记忆，还有对未来的希望。现代社会与传统社会的区别是“变化的速度”与“变化的趋势”，技术让变化的速度越来越快，资本让未来的走向变得日益模糊。这是这个时代的基本特征，高速度的变化带来了高度的不确定性。美好生活就是要抵消不确定性，就是要给大众带来希望。有希望的未来是幸福的未来，有希望的生活是美好生活。

文创产品（图 1–5）如何才能唤起记忆、带来希望？就是要通过中华传统文化的传播，唤起人们的文化自觉，激发进取的决心和创造的活力，净化心灵，升化人格，坚定前进的目标和方向。所以，所谓文创产品一头连接历史传统，一头连接生活世界，就是在激发美好记忆的同时带来充满希望的未来。

图 1-5　文创产品示例

第三节　理解文化创意

如果说文创产品的文化价值是为了满足美好生活需要，那么文化创意就是某种路径或方法，让历史、现实与未来在文创产品上融为一体，使之成为有深度的而不是肤浅的、有温度的而不是冰冷的、有质感的而不是僵硬的生活用品。与文化之“创意”（creative）不同，经济学家所说的“创新”（innovation）不要求联系历史传统，而是通过技术手段把新的生产要素和生产条件引入生产体系，提高生产效率，开辟新的市场。创意虽然也会运用新技术，但主要依托于对历史传统文化的理解、提炼和运用，以及对实际生活世界的观察、体验和领会。因此，创意是一种创造性思维方式，是对未来的猜度、操心与洞悉，是以文化、知识、技术、生活经验与审美意识为基础的能力或智慧。

1. 创意是猜度的过程

古希腊神话中有一位智慧女神雅典娜，因同时司掌园艺、女红、绘画、雕刻、陶艺等行业，又被称为“技艺女神”。古希腊的“技艺”不同于现代的技术或艺术，而是指由雅典娜赋予的“猜度”的能力，意思是“预先思考、预先操心，并且由此使某事某物获得成功”，是一种对未来的“领悟”或认知的能力。文化创意是要让文创产品成为连接历史传统与现实生活的纽带，需要的也是这种“猜度”能力，即通过“预先思考”与“预先操心”，“先行看到”或“先行洞见”未来的某种产出形态。但是，文创产品设计师既不是智慧女神，也不是“猜度高手”，所谓“先行看到”或“先行洞见”不是人人可以拥有的能力。现代人只能通过某种技术去逼近这种能力，通过不断的“验证与修改”来达到期待的结果，这种技术被称为“迭代”。

在计算机科学中，迭代是一种计算方法。计算机对一组指令重复执行，每次运算都以上一次的结果作为下一次迭代的初始值，每个循环相当于完成一次“验证与修改”，一次又一次的重复执行无限逼近所需目标。事实上，在文创产品创作实践中，这种迭代技术已经被广泛运用，不仅各种应用软件或智能手机都是通过一次又一次的“验证与修改”以不断满足用户需求的完美产品，而且影视作品也通过故事的迭代推出一个又一个新的版本，所以迭代已经成为一种流行的产品创意策略，成为一种重复赚取利润的商业模式。因此，文化创意并非某种突然生成的灵感、冲动或奇思妙想，而是一个不断验证与修改的过程。在这一过程中，文化资源及其蕴含的意义、生活需求以及使用功能得到不断的修正，历史与生活的连接越来越紧密，传统文化与生活方式的界线逐渐模糊，用户消费的黏合度从而日益增强。

诚然，迭代过程需要一个“原值”。对于文化创意来说，这个原值依然来自于灵感或冲动。但是，不论是何种灵感或冲动，都不是无中生有的，它们一定源自于历史文化传统和实际生活经验，经过想象或虚构而成为原始的构想。譬如，腾讯 QQ 的灵感来自于对 BP 机的模仿，是在虚拟的网络世界实现“I SEEK YOU”(ICQ) 的功能；“推特”（Twitter）的社交功能是对欧洲沙龙文化的模仿；“抖音”是将旧上海的“大世界”搬上了移动智能终端。

所有的这类产品如今依然处于不断的迭代过程中，但迭代的原因并非原有产品不再有用或不再能用，而常常是以“升级”为由获得新的商业订单，利用消费者“喜新厌旧”的心理需求完成新商品的推销，从而重复获得利润。对于产品设计者而言，这里的难题是如何把握消费者所追求的“新”。由于技术发展日新月异，社会需求不断升级，以及用户群体庞大、层次复杂，用户的新需要并不容易把握。然而，我们可以预先操心并先行洞见的是，不论时代如何变迁，每一个人都追求“快乐”，消费者对于“快乐”的需求是确然的。以近年来流行的文创产品“国潮口红”（图 1-6）为例，消费者喜欢这款产品不是因为它具备特殊的色调、光泽或气味，也不是因为它有更好的附着力、耐候性或无害性，而是那典雅的“颜值”。每个色号的包装都充满了诗情画意，把古韵意境发挥到了极致，让使用者仿佛穿上了宫廷华服，成了靓丽的佳人。这就是快乐。快乐永远是大多数人“需要”的核心，是确定性的需求。

图 1–6　国潮口红

2. 创意就是创造快乐

创造快乐是文化创意的根本，也是文创产品设计的手段和目标。然而历史传统纷繁复杂，生活世界丰富多彩，能够带来快乐的东西比比皆是，那么要从何处着手提炼快乐元素？哲学家海德格尔指出：“按照我们人类经验和历史，只有当人有个家，并且当人在传统中扎了根，一切本质的和伟大的东西才能产生出来。”这里的“家”含义深刻，简单来说就是生活世界，既包括历史与传统，也包括家乡或家园，而家乡是历史传统最真实的载体。因此，文化创意的有效路径是从家乡情结即地方文化中寻找灵感，从中挖掘生动的故事、真实的需求，提炼出独特的色彩、造型、纹样或符号。当用户在文创产品中“发现”了家乡的元素，将会因“惊喜”而接受产品。

快乐的元素虽然主要蕴含在文化中，但还是要通过产品功能或审美形式来传递给用户。每一种新技术应用都会经历一个从寻找应用场景、降低成本到普遍推广的发展过程，而其应用方式常常是对传统日用器具的模仿。虽然物质形态的器具会随着时代的变迁而改变，但语言文字、哲学思想、民俗节日、宗教信仰等精神文化形态并不会发生质变，人类文明正是因为这种非物质形态文化资源的传承和发展得以延续，每一个特定的人群也因为拥有某种特殊文化资源（语言、文字、宗教、艺术等）而凸显其存在的价值和地位。

譬如，中华民族就是因为汉字的统一性，以及仁爱、孝悌、礼义、天人合一、厚德载物、知行合一等思想价值的传承而生生不息。中华民族虽然历经磨难，但中华文化的精髓一直被士族社会、乡绅乡民保留在他们的生活方式中并发展至今。那些传世的建筑物、生活器具或工艺美术品等文化遗产和出土的文物，虽然在现代社会或许已经失去了实用价值，但其造型、纹样、符号、色彩以及制作工艺等，依然展示着伟大的中华民族在不同时代的生活方式、价值逻辑或生活态度等。

进入 21 世纪，伴随全球化浪潮与数字网络技术的高速发展，中国人传统生活方式发生了深刻变化。文化全球化实际上开始于第二次世界大战之后，以“好莱坞”为品牌代表的美国文化产品（如电影、电视、广播、杂志、流行音乐等）渗透到世界各个角落，在潜移默化中改变了人们的价值观念与生活追求。互联网技术的普及让越来越多的人把时间分配给电脑屏幕和智能终端，形成了比现实生活丰富得多的数字化生存空间，屏幕之外的居家用品也在不断地被智能产品所充实。生活方式的这种变化已经成为一种不可逆转的发展趋势，“文化侵略”是其重要的原因之一，但技术的发展让变化的速度超出了人们的想象，导致诸如单调、冰冷、孤独等“现代性”问题日益凸显。在这一背景下，人们逐渐感受到了中国传统文化的弥足珍贵，数千年积淀下来的传统文化与思想成为解决现代技术或思想不能解决的“现代性”问题的钥匙。越来越多的消费者开始追索古代人的思想与情感，渴望了解或体验传统的生活方式，希望重温曾经的温暖与情感。因此，文创产品在这一层面上可以通过“文化传承”来满足现代人普遍性的需求，成为探索、回忆或体验传统文化的最直接的方式，成为提升文化自信、传承民族精神、接受文化滋养的一条有效路径。

思考与实践

1. 您认为优秀文创的产品应具备哪些特征？收集 20 种不同品类的国内外优秀文创产品。

2. 根据收集的文创产品，分析其类型特征、文化内涵、创意思路与审美价值。

第 二 章

文化创意产品创意路径

文化创意是猜度、操心与洞悉的过程，是对文创产品能否满足人民美好生活需要进行预判的过程，因此文化创意在本质上是一种文化性设计，即以某种特别的方式来实现传统文化、思想价值与现实生活的连接，通常有“无中生有”“吐故纳新”与“物以致用”等创意路径可供选择。“无中生有”是在缺少原型的情况下通过创造性思维把无形的文化资源转化为有形的文化产品，要求设计师能够准确提炼文化资源的特征元素，融于实际的生活需求；“吐故纳新”是对传统商品进行变形、夸张、萌化或重构等转化性设计，采用流行的艺术风格与生动的表现手法适应新时代的消费观念；“物以致用”是继承和发扬传统工艺品的工艺特性或美学思想，为已经丧失日用功能的传统工艺品植入符合现代生活方式的“有用性”属性，让传统工艺品在新时代焕发活力。因此，文化创意不仅涉及对历史传统文化的理解和淬炼，而且涉及对生活世界的体验和领会，以及技术、工艺与材料的运用，因此文化创意是以文化、知识、经验、技术与审美意识为基础的智慧或能力。

第一节　无中生有：非物质文化资源的物化设计

1. 理解非物质性文化资源

“无中生有”是要将经典哲思、道德观念、美学思想、行为习惯等无形的或非物质性的传统文化资源通过日常生活用品代入现代人的生活方式，达到传承、传播、弘扬优秀传统文化的目的。

这里的非物质性文化资源并不等同于通常所说的非物质文化遗产。按照联合国教科文组织《保护非物质文化遗产公约》的界定，非物质文化遗产指被各群体、团体、有时为个人所视为其文化遗产的各种实践、表演、表现形式、知识体系和技能及其相关的实物和场所，包括传统口头文学以及作为其载体的语言，传统美术、书法、音乐、舞蹈、戏剧、曲艺和杂技，传统手工艺、医药和历法，传统礼仪、节庆，传统体育和游艺，以及有关自然界和宇宙的知识和实践等。

非物质性文化资源包含上述非物质文化遗产的内容，但不限于非物质文化遗产的内容，还包括历史上传承下来的生活习惯、习俗、人生观、价值观、审美情趣和思维方式等。非物质性文化资源的具体内容主要包括：

（1）人类在适应自然环境的生活过程中所形成的宗教信仰、哲学思想或自然科学成就等，如先秦诸子百家经典学说、禅宗理论、宋代理学与明代心学思想等，是传统文化的精髓和灵魂。

（2）人类在社会交往与活动中产生的语言、文字、艺术、风俗、道德、法律等，如龙凤图腾、梅兰竹菊、笔墨纸砚、词赋歌舞等，是传统文化的表现或存在形式，体现了中华文化的博大精深、源远流长。

（3）人类在改善生活条件的过程中逐步积累的手工技艺，如雕刻、刺绣、瓷器、紫砂、漆器等传统工艺。

由于非物质性文化资源的物化设计是在缺少原型的情况下，通过创造性思维把无形的文化资源转化为有形的文化产品，因此这种创意设计路径被称之为“无中生有”。这里的“无”就是无形的文化资源，“有”就是生活日用品。所以，“无中生有”不但要求设计师能够理解、把握并提炼文化资源的精髓，找准与之对应的具有象征意义的造型、符号、纹样、色彩等形式元素，而且要有丰富的生活经验，了解生活的实际需求，让无形的思想内涵与有形的生活用品实现有机连接。换言之，设计师是以特定的文化资源为出发点，从中提炼符合现代人生活实际的思想、故事或形式，以作为产品开发的主题，设计出承载、传递这一主题的文创产品，使之成为满足现实生活世界需求的日用品。

2. 文化资源融合路径

文化资源融合路径有形式化融入、意蕴化融入、多元化融入等。

(1)形式化融入

形式化融入是指直接将象征某种文化或思想的造型、色彩、纹样或符号等元素植入产品外观设计，以达到传播传统文化思想的目的。在形式化融入路径中，使用最多的是文化符号融入。每一个民族或地区都会有一个或一些具有代表性的、区别其他民族或地区的文化图腾或符号，如建筑、花卉、植物、动物、服饰、山水景观等。例如，长城、“中国龙”、青花瓷、“中国结”等符号被用来象征中华民族；罗马柱、哥特式建筑等符号象征欧洲文化，“星月符号”象征伊斯兰文化，“十字架”象征基督教文化等。这种有着精准文化识别度的符号经常被整体应用到旅游纪念品、城市形象宣传品中，例如伦敦的“双层巴士”、巴黎的“埃菲尔铁塔”、上海的“东方明珠塔”等。在 2008 年北京奥运会火炬（图 2–1）设计中，传统纹样“祥云”、民族色彩“中国红”、汉字印章“京”以及传统纸卷造型等形式元素被同时运用到设计中，再加上火炬本身作为“礼器”的功能，中国文化的厚重感在这里得到了充分的表达。

(2)意蕴化融入

形式化融入是以意指明确的形式元素传递具体的文化意涵，而意蕴化融入则是通过某种方式来建构某种文化意境，为接受者保留自由的想象空间。建构意境的方式依然离

图 2–1　2008 年北京奥运会火炬

不开色彩、造型与符号，但常常是通过对传统纹样的变形、重构、夸张、组合等手段，传递某种有意味的文化内涵。例如，将传统诗词歌赋作为文化元素融于服装中，从而在服装产品上形成一种“中国风”的意蕴。

传统纹样往往反映了内涵深邃的古代哲学思想，其图案源自于对生活与自然的观察，是古人对自然和社会认识的理解的抽象概括和表达（表 2–1）。以方胜纹（图 2–2）为例，分解之后是两个基本的菱形，是在古代器物中出现频率最高、组合形式最丰富、使用时间最长的一种纹饰，其起源可能是对鱼形的简化或对渔网的模仿。方胜之“方”本义为并行的两艘船，强调并列，意味着正、犹、共同、合二为一；方胜之“胜”是古代妇女用来束发或配于腰间的饰物，后演化为簪头的饰物，有驱邪保平安的吉祥之意。然而方胜纹现在很少被单独使用，而是经常与盘长纹结合成“方胜盘长”“套方胜盘长”等形式，成为传递吉祥意蕴的装饰纹样。盘长纹是一种无头无尾、无限循环、没有止境的线形几何图案，体现的是“源远流长，生生不息”的意境，也就是“中国结”的文化内涵。实际上，单独的方胜纹的同心相连、对称与均衡所象征的是“秩序”，是一种来自于人的身心与自然循环规律互动观念下的符号表现；盘长纹的延续不断与无限重复，符合人们对生命延续的美好愿望，因此是人类生存观念的物化形态，寄托了人类对于生命的无限崇拜。换言之，方胜纹与盘长纹的结合，构建出一种新的文化意境，成为一种关乎秩序与生命意义的物化符号。现在，以方胜盘长纹作为基础纹样用于产品设计，可以传达出“同心相合”“彼此相通”“生生不息”的文化意涵，既可以像中国结那样作为传统节庆活动的吉祥物，又可以在婚嫁迎娶时为新郎新娘带来祝福。

表 2–1　常见几何纹样的特点和寓意

纹样	名称	特点	寓意
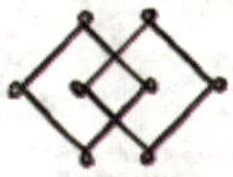	方胜纹	两个菱形压角相叠。纹样方正，并列，对称，合一。	永结同心、永不分离，生命延续不断。
	连珠纹	彼此相连的圆形或球形，成一字形、圆弧形排列。	圆形表示太阳，环形表示太阳光辉四射。
	云雷纹	圆弧形卷曲（云纹）或方折回旋线条（雷纹）。	象征太阳与云雷共存，云纹寓意高升和如意。
	回纹	由横竖短线折绕组成的方形或圆形的回环状花纹，形如回字。	富贵不断头，连绵不断、吉利永长。
	盘长纹	线条以肠形盘曲缠绕，首尾连接，无头无尾。	回环贯彻、一切通明，源远流长，生生不息。
	饕餮纹	饕餮纹由目纹、鼻纹、眉纹、耳纹、口纹、角纹等组成。庄严凝重，境界神秘。	有着神秘而肃穆的气氛，寓意有多种说法。

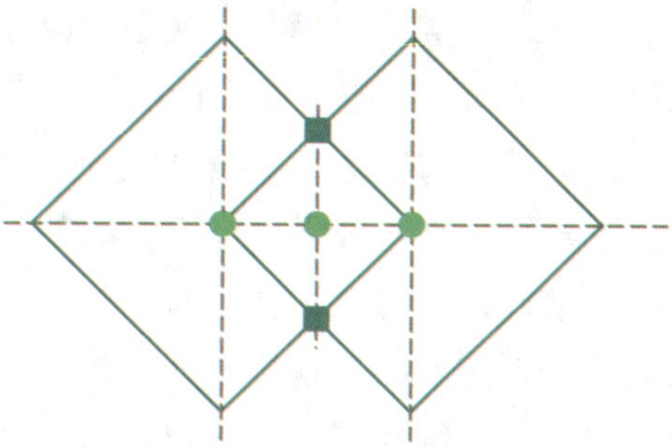

图 2-2　方胜纹

除了几何纹样之外，色彩也可以象征“人与自然”的关系。以作为中国古代哲学重要学说的“五行学说”为例，“五行学说”采用取象比类的方法，运用木、火、土、金、水“生克”关系来说明和解释事物之间的相互联系和变化，究其本质是“天人感应”“万物一体”思想的表达。“五行”中的五种元素分别对应于“东、南、中、西、北”五个方位，又对应于“青、红、黄、白、黑”五种颜色，因此以此五色的和谐组合或统一配置的图案，象征着自然的空间或世界。譬如在民间传统中，人们会在农历五月初五将五色丝线拴在儿童手腕或挂于儿童胸前，象征来自东、南、中、西、北五个方位的神力的聚合，成为驱邪、除魔的力量，希冀人健康长寿。五月初五通常在夏至前后，太阳直射北回归线，天气燥热，蛇虫繁殖，疾疫容易流行，故端午节拴五色丝线与挂艾草、戴香包、饮雄黄酒等习俗一样，都是实际生活经验积累而形成的传统。显然，五色中的任何一种颜色在单独使用时并不会产生“五方神力”的文化意境，而只能产生某种特定的象征意义。

（3）多元化融入

多元化融入有两层含义：一是将外来文化和本土文化相结合，或者将古代元素与现代审美相结合，实现文化元素的多元叠加，以符合文化全球化、审美多元化的时代特征；二是指不同的文化符号、形式或工艺的叠加、组合，传递较为复杂或深刻的文化内涵。

例如，北京奥运会火炬设计就是利用纹样、色彩、造型、符号、功能与现代工艺等多种元素的叠加组合，传达了中国传统价值体系的核心思想——“仁义礼智信”。其中的纹样“祥云”源自于传统的“云雷纹”，由于“云雷泽物”象征大自然的温厚与广爱，应合于儒家道德规范中的最高原则“仁”，所以“祥云”就是“仁”之理念的视觉化；由于周代属于“火德”，是特别崇拜红色的朝代，所以儒家虽然以青、赤、黄、白、黑五色为正色，却以朱赤最为煊赫，成为尊贵、正统、合乎道德的象征，因此色彩“中国红”实际是“义”之理念的视觉化；火炬作为礼器的功能已经包含了“礼”，而“纸卷轴”的造型象征着智慧或知识，“中国印”印章象征的是“诚信”。所以，北京奥运火炬就是通过这些不同的象征元素与现代工艺（如祥云图案所采用的立体浮雕工艺）的有机融合，把中国人的价值观以高雅华丽的形式完美呈现给世界人民。

因此，多元化融入的关键是“文化内涵”的视觉化设计。在中国传统工艺品中，我们可以找到许多通过几何纹样、动植物特征或字词谐音等方式将“意义”转化为“视觉”的经典范例。例如，传说中的神兽“獬豸”，因其能分辨是非曲直，所以古代会以“獬豸冠”（执法官的帽子）来象征正义与公平，今天的法院门口依然立有獬豸的雕塑；蝙蝠的“蝠”与幸福的“福”谐音，所以有了“遍福”与“福从天降”的寓意，现在还可以在许多窗格、陶瓷制品或新娘嫁衣中发现蝙蝠图案的使用。

图必有意，意必吉祥。中国传统几何纹样和吉祥图案是传递文化内涵的视觉素材宝库，越是流传久远的纹样，其承载的文化内涵就越丰富，其象征意义就越深刻。这些纹样或图案中的每一根线条、每一处结构都经过无数工匠的细心推敲，每一种纹样形态都记录着丰富的古代生活世界的内容，代表着不同时代对美的极致追求。然而由于漫长岁月的侵蚀，许多古老纹样的原始含义已经丢失，设计师必须从历史文化和现代审美两个视角来审视纹样所代表的意义，通过多元符号的叠加以及变形、补充、重构等设计处理，来准确表达复杂的文化内涵。

第二节　吐故纳新：日用商品的时尚化设计

传统意味着世代相传，从过去延续下来、由今人继承并传递给后人，这是文化的连续性，即生活方式的连续性。从传统社会到现代社会，数千年来人类的活动印迹并未消失，许多传统器物的功能并没有失效，只是因材料、造型或使用场景的改变而改换了称谓或改变了形态。譬如我们每天依然使用筲箕淘米，使用瓷碗盛饭，使用筷子夹菜……我们并没有把许多古老的习惯视之为过时，反而认为那些历经洗练、打磨而承续下来的必然是经典。文创产品的“吐故纳新”就是唤回经典，引领潮流。“吐故”是要在被遮蔽的传统上掸去灰尘，“纳新”意味着与“时尚”接轨。文创产品的时尚化创意路径并非要求产品与世浮沉，而是通过对经典的阐发，用新技术、新材料和新的艺术表现方式，让传统日用商品转化为符合现代审美观念的日常用品。

1. 理解产品的时尚性

时尚是“时”与“尚”的结合，是一种有高度、讲品质的文化，给人以激情、幻想与快乐，因此是一种健康的生活态度。时尚只有实现和谐、均衡、统一，才能产生吸引力、影响力和传播力，才能得到大众普遍欣赏和接受，才能成为善的时尚。然而，“时尚”经常与“流行”相混淆，甚至被理解为落伍或传统的对立面，但是，作为连接生活世界与历史传统的文创产品，却总是通过植入传统元素而实现产品的时尚化设计。

例如，“国潮口红”中的经典代表“故宫口红系列”就是因融入传统元素而备受青睐，其外观设计以蓝、黄、绿、白、红、黑等传统色为底色，对应“六合”（天、地、东、西、南、北），“六”同记账数字“陆”，“六合”谐音“鹿鹤”，故有“鹿鹤同春”之意，寓意天下万物欣欣向荣、吉祥如意，营造出了“皎皎仙鹤，鹤舞九天翩翩，呦呦鹿鸣，鹿逐山林悠然”的意境。其中，“玫紫色”外观纹样的灵感源自院藏“黑绸绣花蝶竹柄团扇”；“豆沙红”纹样源自“品月色缎平金银绣水仙团寿字纹单氅衣”；“郎窑红”纹样来自“洋红色缎绣百花文夹氅衣”；“枫叶红”纹样源自“明黄色绸绣绣球花棉马褂”；“变色人鱼姬”纹样源自“浅绿色缎绣博古花卉纹袷袍”。所以，“故宫口红系列”的时尚性不是取自于当代流行元素，而是对传统文化经典的演绎。

这是一种历史与现实的连接，而不是对传统的简单摹仿。只有做到与时俱进，才能产生时代影响力，因此时尚之“时”的意义在于“变化”。哲学家齐美尔曾经指出：“在实际生活中，别的事务虽然也是新奇的而且也以同样的方式突然流行，却不被我们看作时尚。另一方面，如果我们觉得一种现象消失得像它出现时那样迅速，那么，我们就把它叫做时尚。”那么，既然时尚是对经典的运用，又为何会迅速消失？原因就在于“变化”。变化意味着挣脱束缚，从而能够让现实与未来建立联系，这是时尚的“超越性”。引领时尚的精英被人竞相模仿。为了体现个性和独特性，时尚精英就必须不断更换花样，以彰显自身地位的特殊性。这是一种求同存异的天性，一方面希望被接纳为社会的一分子，因此会通过各种方式融入期望的圈子；另一方面又想表明与众不同，通过时尚来保持个性。变化由此而生，但变化所形成的超越并不意味着颠覆，挣脱束缚只是为了让青春和生命自由地走向未来。当时尚从少数人的尝试转变为大众化的崇尚与效仿，进而成为流行文化之后，新的变化又将开始。随着时间的流逝，那些健康的、优雅的、高尚的、真善美的元素延续下来，经过岁月的洗礼成为习俗，变为传统，沉淀为经典。因此，经典就是过去的时尚在生活世界中的延续。

经典之所以是经典，在于经过了千锤百炼，所以能够穿越时空被不同的时代所接受。而时尚之“时代性”则是对当代审美趣味的把握，往往关联于当代艺术的审美倾向。艺术欣赏者对新艺术潮流的敏感将直接影响或推动时尚潮流的兴起。20 世纪是各种艺术流派你方唱罢我登场的世纪，也是时尚产业的黄金时代。从早期的立体主义、表现主义、原始主义，紧接着的未来主义、达达主义、新造型主义、构成主义、现代主义、超现实主义、抽象表现主义，一直到波普艺术、行为艺术、新现实主义、观念主义、极简主义、后现代主义等，风起云涌的艺术运动不断迭代人们的审美观念，直接左右了时尚设计和流行文化的发展。以包豪斯的现代主义艺术理念为例，其特征是追求经济、简洁、实用，提倡“少即多”，摒弃奢华的装饰，主张服务于大众。这一理念直接带来一大批形式色彩单一、高度理性化及忽视情感需求的建筑物，导致后来在西方社会形成了一股反现代主义的思潮，即后现代主义。后现代主义“反对一切的规范性、同一性和秩序性”，强调要满足情感、趣味、美感、个性等方面的需求。“波普主义”就是反现代主义的产物，其特征是年轻化、灵活性、短暂性、趣味性，讲究造型的不同寻常与色彩的鲜艳亮丽。

进入21世纪，虽然反叛的思想依然如故，但艺术与设计更加追求超越性。审美不再从形式出发，而是把美和审美主体的心理需求结合起来，强调审美主体对审美对象所起的决定性作用，出现了“日常生活审美化”的口号。这一时期的消费者不再为温饱问题所困扰，生活节奏明显加快，日常需求几乎都能在网络上找到解决方案，因此对功能的需求欲望大大减弱，提升品位、彰显个性成为相对重要的消费动机。这一时代的艺术潮流显示出许多不同于以往的特征，许多艺术作品或者带有强烈的视觉震撼，或者充满明显的刺激或煽情的意味，同时又保留了达达主义的颠覆性、波普艺术的符号性或后现代主义的解构性等。产品设计虽然保留了反叛与超越的基本精神，但更加强调审美主体对审美对象所起的决定性作用。譬如，极简主义日益式微，装饰重新转向华美，设计师在日用品上加入了更多温馨化、人性化的设计。那么，就文创产品的时尚化设计而言，时尚之“时”的关键就在于用户的心理需求，应力求温暖与品质兼具，实用与审美并重，同时在产品上融入更加鲜明的趣味性、互动性和体验性等元素。

2. 时尚化创意路径

艺术潮流的变迁并不是影响时尚之“时”的唯一因素，还有现代技术所创造的数字化生活方式，这既带来了所谓“二次元”的消费需求，也带来了更加注重社交、尊重和自我实现的需求。“二次元”的世界是唯美的世界，代表着浸润于数字空间的人们彰显个性、追赶潮流、留住青春的内心诉求，是对梦想生活的憧憬和对美好未来的期望。然而“二次元”作为一种时尚之风同样离不开经典引用、艺术渲染和技术支撑。因此，不论消费对象是年轻人还是老年人，文创产品的时尚化路径都要通过对传统经典元素的借用，以超越性、个性化来凸显产品的品位、品质或高度，同时融合当代审美趣味、价值逻辑以迎合新时代的习惯与偏好。

获取造型灵感，彰显自然与古朴的品质。这是对传统经典——通常是博物馆的馆藏珍品或有着鲜明地域特色的自然山水、建筑、动物、植物或花卉等形象的模仿，而形成的古朴、自然、中庸、飘逸或空灵的造型设计风格。这种模仿不是对古物外观的随意照抄，而是根据选定的文创产品审美风格及其使用功能，提取所要模仿的外观特征，用于产品的形式设计。例如，苏州博物馆开发的冷瓷冰箱贴（图2–3）的设计参考了苏州博物馆“陶冶之珍”展厅内一组风格迥异的颜色釉瓷器，分别为“清康熙朗窑红釉瓶”“豇豆红釉螭纹太白尊”“绿釉瓜棱橄榄尊”，以及“清雍正洒蓝釉石榴尊”。设计团队在造型细节刻画方面完全尊重藏品原物，利用先进3D技术精准开模，从轮廓到细节，不放过任何一个关键之处，使得这款四件套的文创产品显得既典雅清新又自然古朴，凸显出时尚商品所必备的品质特征。

图 2-3　冷瓷冰箱贴

提取经典纹样，呈现华美的装饰效果。从古物珍品的图案中提取经典符号或纹样作为产品装饰图案，不仅可以提升产品的观赏价值，也可凸显产品的文化气质。对经典纹样的运用，通常需要做局部式的裁剪，通过重新组合而构成充满古韵的新图案。熙攘文创为无锡博物院设计的这款貘纹皮带扣（图 2-4），装饰灵感取自院藏“元‘陈铺造’款海棠形貘纹金带扣”。此扣发现于元朝钱裕墓中，是一件墓主腰带上的金带扣。这件金带扣为纯金质地，重达 84.3 克。整个带扣是一种四曲海棠形，中间为空心结构，背面镂刻了六组图案花纹，中心刻有旋涡纹，正面用模锤的工艺刻了一个貘的图案，传说貘的牙齿非常锋利，喜食铜铁，嚼铁如泥，唐朝的时候人们就认为貘能避瘟，因此元代金带扣以貘为图像，也有辟邪之意。设计师从金带扣提取出海棠和神兽貘的造型作为皮带扣的装饰纹样，整体观感精美无比，足见用心之巧妙。

运用传统色彩，丰富商品的文化内涵。古代装饰艺术品或建筑所运用的色彩及其搭配，往往代表特定的地域文化特征，或者这种文化中的审美意识、等级观念、宗教意识或哲学思想。譬如，北宋汝窑的天青色青瓷，源于宋徽宗对青色的情有独钟。宋徽宗崇奉道教，曾诏谕“卿等可上表章，册主为道君皇帝”。汝窑瓷器天青色釉的幽玄、

图 2-4　貘纹皮带扣　无锡博物院

静谧，符合道教人士所崇尚的严正清纯风格，也让这类瓷器获得了“似玉非玉而胜似玉”的审美效果。因此，以古代艺术品的色彩作为基本配色方案，可以传递某种特殊的思想意境。再如“国潮口红”中的玫紫等色款，灵感来自钧窑的传统釉色。钧窑在宋徽宗时期达到高峰，同样受道家思想深刻影响，其形规整对称、一丝不苟，其势深沉古朴、明亮大气，尤以“釉具五色，艳丽绝伦”而在宋代五大名窑中独树一帜（图 2–5）。因此，以玫紫色作为口红唇色，既彰显了高雅大气，也突出了钧窑釉质“类翠似玉赛玛瑙”的魅力。

图 2–5　钧窑玫瑰紫釉菱口花盆　北宋

选择地域标志，彰显日用商品的地方特色。将某一地区的特殊文化符号或标志用于产品图案设计，可以让产品拥有鲜明的文化识别度。例如，以存放在大英博物馆的罗塞塔石碑为例，其核心文化特性并不是它的外形或材质，而是其中的“圣书体”文字（图 2–6）。如果将圣书体文字提炼出来作为产品的基础纹样，就是一种对文化特性的引用。同样，如果将汉字（书法）、中国结、华表、长城等符号用于产品设计，那么就是对中华文化的特性引用。这里的“特性”指的是符号的专属性，包括民族图腾、动物、植物、建筑、神话传说以及自然山水等。这种文化特性与现代生活用品的结合，可以满足人们趣味性、神秘性、娱乐性和个体性的消费诉求。

借鉴传统工艺，满足返璞归真的生活态度。传统工艺通常指超过百年以上历史传承、拥有完整工艺流程、采用天然材料制作并具有鲜明地方特色的工艺品种和技艺。由于传

图 2-6　罗塞塔石碑与圣书体文字大英博物馆

统工艺生产效率低下，难以适应现代经济的高速发展和机械复制的生产方式，所以许多技艺面临失传的困境。然而，手工制作、天然材料和传统生活方式在经济与技术快速变迁的当下反而成为了一种返璞归真的时尚潮流。由于纯手工、纯天然的商品成本太高，数量也满足不了大众消费需求，因此文创产品一般采用部分天然材料或局部手工工艺来制作生产。一些传统工艺文创产品（图 2-7）借鉴传统手工技艺，采用局部手工工艺方式，并在成品中有意识地留下部分手工加工痕迹，凸显其与纯机械加工产品的不同气质。

图 2-7　福禄寿泥人　熙攘文创

运用现代技术，创新产品功能与表现形式。现代技术在文创产品中的运用主要表现在三个方面：一是寻找与天然材料的质地、纹理或特性相当的新材料，突破天然材料资源匮乏的瓶颈；二是以现代生产工艺模拟传统手工制作工艺，在保持产品艺术魅力的前提下提高生产效率；三是结合数字与通信技术成果，突破传统表现方式，添加、完善或重组产品功能，满足人们对网络化、移动化、智能化、趣味化的日常生活需求。譬如，故宫口红利用了3D多层打印技术，将传统图案打印在口红外管上，呈现出了纹样来源材质的肌理和刺绣的立体感。

第三节　物以致用：传统工艺品的日用设计

1. 理解中国传统工艺

中国传统工艺是指具有历史传承、与民众生活联系紧密、富有民族风格或地域特色的工艺品种和技艺。传统工艺品多采用天然原材料，主要由手工和传统工具对原材料进行有目的的加工制作而成。中国传统工艺品分为生活日用品和装饰欣赏品两类，前者如花布、陶瓷、家具等，后者如牙雕、玉器、景泰蓝等。由于传统工艺品的设计与制作通常不是分离的，因此工艺师的个人经验与趣味常常贯穿于产品的整个制作过程，形成了工业产品难以具备的那种亲切、温暖、细腻与自然的美感。

就功能而言，传统工艺品的日用性与装饰性并不容易区分。譬如玉器通常都是装饰性商品，但其作用并不限于视觉审美，在中国人的情感基因中还有着无可替代的影响力。玉石有温润内敛、含蓄坚韧的特点，象征中华民族温良坚忍、谦和包容的高尚气节，所以中国人总是以玉之品格来要求和规范自己，从而有“谦谦君子，温润如玉”之说。如果说“人养玉”是人与玉之品格彼此交流的过程，那么“玉养人”所养的就是人之内心与性情，带来的是内在修养的提升。

古代中国把制作和设计器物的人统称为“百工”。《考工记》除了叙述器物的形制、功能、工艺之外，还阐述器物制作的历史观和价值观：“知者创物，巧者述之、守之，世谓之工。百工之事，皆圣人之作也。”因此，传统工艺品的制作者在古代一直被当作智者、圣人受到尊敬和爱戴，其中一个重要的原因是，中国传统工艺蕴含着深刻的哲学与美学思想。例如，“文质彬彬”强调外在形式要与内在功用和谐统一，“大巧若拙”提倡天然拙朴的美，“功利于人谓之巧，不利于人谓之拙”崇尚器物的功能价值。这些奠基于中国古代哲学的传统工艺美学思想精妙而复杂，并在不同时期的工艺品中留下了鲜明的烙印，如商代的“威严”、周代的“秩序”、战国的“清新”、汉代的“凝重”、六朝的“清瘦”、唐代的“丰满”、宋代的“理性”、元代的“粗壮”、明代的“敦厚”与清代的“纤巧”等，这些风格的融合与发展又衍生出诸如浑厚、质朴、典雅、大方、明快而又富于装饰美的艺术特色。但是，不论这些思想、风格多么丰富，都要遵循“道体器用”“合以为良”“工巧适度”等基本规范（图2–8）。

（1）道体器用，以人为本

作为形而上者的“道”是无形的，如何将无形的“道”体现于有形的“器”，体现在由某种材质构成的具体事物上，是古代百工的共同追求。传统工艺品之不同于一般

图 2-8　彩漆木雕龙纹盖豆　东周

器物，就是在“有形”中承载了“无形”，在服务于生活日用的同时成为弘道的载体。传统工艺品的制作并不把形、色、质、构等属性作为唯一的考量因素，而讲究“其用必以人为依”，即器物的实际效用必须有益于人生的日常生活。这是一种以人为本的思想，器物的实用性即“好用、适用”正是儒家“善”的体现，凸显出传统工艺品的功能之美。

（2）顺乎自然，合以为良

功能之美是“智者之作”，还不能称之为“圣人之作”。庄子说“既雕既琢，复归于朴”，“素朴而天下莫能与之争美”，这里的自然之美是经过雕琢之后的理想境界。为此，《考工记》提出“天有时，地有气，材有美，工有巧。合此四者，然后可以为良”，认为只有满足了时令、环境、材质和技术四个条件才能制作出精良的器物。四个条件是有先后顺序的，首先是器物使用的时节和环境，然后选择合适的材料，最后才是工艺和技术。在文创产品设计中，时令、地理、材质和技艺等同样是必须统筹考虑的因素，合此四者，综合把握，方可获得精良之作。传统器具的材料之美提倡“顺其性以为之”，顺材质之性，顺功能之性，顺工艺之性。例如，玉之性乃温润平和、儒雅含蓄，而瓷器就是以“类玉”来作为美学评判标准，追求的是玉一样的温润清雅，诚如《天工开物》所言：“陶成雅器，有素肌玉骨之象焉”。

（3）含蓄优雅，工巧适度

传统工艺审美强调含蓄、隐忍、不张扬、不夸张，其实是中庸之道的体现，要求物质因素与人文因素、实用功能与审美功能、外观形式与内涵意蕴、装饰纹理与质地结构、人工意匠与天然情趣等关系，在器物上达到和谐交融。达此境界即为“巧”，而“巧”的路径就是“工”，具体到制作工艺就是“合度”或“合宜”。《说文解字》对“工”的解释是“巧饰也，象人有规榘也”，因此但凡合度、合宜的作品都会被赞为“巧夺天工”或“鬼斧神工”，成为风范高雅、魅力永恒的工艺美术样式。再由“文质彬彬，然后君子”引申到器物设计上，“质”就是材质，“文”就是装饰。强调材质缺乏装饰，会显得粗野；太过装饰而掩盖材质本身，会显得呆板。只有文、质的和谐统一，才会体现出协调的美。而“巧法造化”“材美工巧”是指天工与意匠、材料与技艺的结合。“巧法造化”是要在造物过程中因势利导、因材施艺，将自然的物性与人的巧思完美结合，充分利用或显露材料的天生丽质，使工艺品保持自然天真、恬淡优雅的意味和情致（图 2-9）。

图 2-9　黄地珐琅彩牡丹纹碗

传统中国是农耕社会，服务于生活日用的工艺品代表的是农耕社会生活方式，是人与自然关系的体现。然而在进入 21 世纪之后，生活方式的转变让传统工艺品逐渐丧失了日用功能，逐渐淡出了人们的日常生活。尽管人们试图以营销手段、包装创新、品牌培育或政府扶持来让传统工艺在市场经济中获得新生，但并没有解决根本性的需求问题。这个需求问题就是传统工艺品失去了与现实生活的连接，丧失了在生活世界中的“有用性”。因此，“物以致用”就是要通过文化创意让传统工艺品重新与生活世界建立起连接，成为适应数字化生活方式的有用之物。

2. 传统工艺品创新路径

传统工艺品的创新路径主要有材料创新、形态创新、功能创新等。

（1）工艺品的材料创新

中国传统工艺的材料选择，依据的是对自然事物的物理与物性的认识。古人认为物质材料有寒性、温性与暖性之分，不同用途的器物采用相应物性的材料才能有益于使用者、适应使用场景，因此对材料物性的把握是传统工艺品“有用性”的基础。譬如，以品质上佳的檀香木制作的日用器具或家具，香气醇厚，经久不散，既能让室内每个角落充满芳香气息，又能令人静心宁神、排除杂念，还有治疗炎症、去火清毒等功效。这些物性是其他材质无法替代的，也是人工香料难以炮制的。然而，由于人类对自然资源的无序开发，天然材料日益稀缺，那么材料创新就成为传统工艺承继的一项重要内容。诚如意大利设计师埃托·索特萨斯所言：“保持传统并非单纯的重复传统。”既然现代人生活方式已经不同于农耕社会或前工业社会，自然环境发生了天翻地覆的变化，那么材料也应主动适应变化。

以紫砂为例，制作紫砂壶的泥料有紫泥、绿泥和甲泥之分。甲泥量大，通常用来制作普通日用陶器；紫泥存在于甲泥中的一个夹层，仅占总储量的3–4%；绿泥存在于紫泥夹层中的夹层，数量更少。虽然这种含有黏土、赤铁矿、石英、云母等成分的紫砂陶土在安徽、山东、广东、云南等地也存在，但各地陶土在结构上差异极大，导致烧制后的体积收缩所形成的气孔或者太大或者太小，唯有宜兴紫泥能在烧制之后既透气怡香，又保水保温。然而这种特性差异其实是一种物理差异，经过研究与试验不仅可以获得既安全又符合传统工艺要求的方案，而且可能在试验过程中获得另类的效果。譬如，骨瓷（bone china）就是英国人在仿制景德镇薄胎瓷的过程中，因偶然加入了动物骨粉而发明的瓷种，也是迄今为止唯一由西方人发明的瓷种。换言之，传统材料虽然受到稀缺性的限制，但在现代科技的助力下依然有创新空间。只不过创新是建立在了解传统材料和制作工艺的基础上，只有真正掌握了材料的性质与制作工艺、使用性能之间的关系，才有可能实现有价值的创新，才能得到同行的认可与市场的接受。

然而，材料创新只是让传统工艺品通过解决天然材料的稀缺性而满足现代需求，但大多数传统工艺品的问题，是在现代生活中丧失了日用功能。为此可以通过其他方式来突破困境，如改变传统材料的造型结构，突破原有材料的物理特性，改善传统材料的视觉质地，或者巧用不同材料的调合创新。这种创新，必然带来传统材料使用场景或制作工艺的改变。“纱幔宣纸灯”（图 2–10）是通过改变传统材料造型结构而创作的一件生活用品，以竹篾为骨架，以宣纸和纱幔为外材质，表现出既飘逸又有韧度的视觉效果，通过宣纸的特性传递出一种柔软、内敛、含蓄却坚韧的风骨。这组灯显然突破了宣纸的传统使用领域，保留了宣纸这一传统材料的魅力，也契合现代人的审美需求。

图 2-10　纱幔宣纸灯

虽然传统工艺处理材料的手段历经长期发展和积累，留给现代人的创新空间并不宽广，但由于材料特性、功能需求、审美意向等随着时代的变迁而变迁，技术也跟随现代科学的发展不断更新迭代，制作工艺也要与时俱进，适应变化。只要保持“道体器用”的追求，守住合度、合宜的原则，就能够得到生活世界的接受，新工艺或新材料也会变成新传统。

（2）工艺品的形态创新

器物的形态包括现实形态和概念形态两种，现实形态是能够被实际看到和触摸到的形，概念形态是视觉和触觉不能直接感觉的形。形态创新是针对现实形态而言，包括物质结构、装饰纹样或色彩图案等。传统工艺的最终表现方式是形态，是彰显工艺设计师的智慧、审美理想和精神世界的相关知识的总和，工艺设计师的知识、技艺、经验与观念等都会通过工艺品的最终形态表现出来。因此，只有在充分消化、吸收传统形态的基础上，工艺品的形态创新才能去腐存精，从而满足现代人的需求。

以泥人阿福的形态特征为例，“搭搭满”指造型语言上的饱满，“细细减”指去除图形中的繁琐细节，“色色爆”指以对比鲜明的色彩带来强烈的视觉刺激。在以阿福为题材的文创产品中，虽然这些特征都会保持，但若遗忘了这些特征所蕴含的文化意义，那么创新就会迷失方向。譬如，“色色爆”的五色所对应的“五行”，有着驱魔、辟邪的意涵；阿福头戴的牡丹花、身穿的五福衣、胸佩的长命锁、怀抱的青毛狮与脚蹬的粉底鞋等符号，分别对应于富贵、纳福、长寿、辟邪与登第等含义，如果这些文化内涵被放弃，那么“泥人阿福”原本的文化灵魂就丢失了，以泥人形象创作的衍生品就变成了与“无锡特色”失去连接的一般卡通产品。

因此，虽然“保持传统并非单纯地重复传统”，但核心价值却是必须保存的东西。以明式家具为例，通常我们关注的是其简洁的线条、桌脚的形态（如马蹄足）或图案纹样（如寿字或梅兰竹菊），以为有了这些表面上的特征就是继承了传统工艺，可如果放弃了榫卯结构，那么即使保留了柔美的风格，添加了象征符号，家具只是一件普通的商品。实际上，正是因为传统家具采用榫卯结构，才有了无穷的变化，才有了基于标准件制作而产生的批量化且又具有不同造型的创新式样。

一般而言，形态创新的路径有以下几个方面：其一是色彩的调整。譬如，暖色调如红色、橙色、黄色、褐色等色彩的搭配运用可使产品呈现温馨、和谐、热情的氛围；冷色调如青色、绿色、紫色等色彩的搭配运用可使产品呈现宁静、神秘的氛围；对比色调的运用能创造出强烈的视觉效果。其二是改变造型以适应现代的生活方式。其三是对图案、纹样、符号等元素的再设计。要从当代人的消费心理出发，适当融入趣味性、地方性元素，做到朴素、单纯与鲜明，避免繁复、杂乱和庸俗的感觉，并且以容易理解的方案发挥文化传播载体的作用。其四是通过分割将整体的形态分割成独立的几个部分，或者通过重构将几个独立的形态组合成整体，可以使失去活力的传统形态重现生机。其五是对切割和积聚基本规律的合理利用。形态的构成都是按照切割和积聚这两个基本规律进行的，通过切割“减少”体量，或者通过积聚“增加”体量，都可以形成形态的创新，带来新的面貌（图 2–11）。

图 2–11　“白相”系列　熙攘文创

（3）工艺品的功能创新

大多数传统工艺品在历史上都是为生活日用服务或作为礼器使用，只是随着时代的变迁而在现代社会失去了原有的功能。为了让传统工艺品重新拥有满足“现时需求”的能力，要么对传统功能进行改良或改变以适应现代生活方式，要么赋予或发明新功能以改变传统应用场域，本质上都是重新与日常生活建立起连接。

因此，功能创新的基本路径是保留工艺品的原有形态，譬如在外观或外形不变的情况下，开发出具有新功能的新产品，这种创新往往会放弃传统材料的特性与传统制作工艺，但保留了形式元素所代表的文化意涵。另一种路径是保留传统材料与制作工艺，但放弃其原有功能或放弃部分形式元素，这种创新的出发点常常是为了继承与保护非物质文化遗产，让传统工艺能够在当代生活世界获得新生的机会。例如，宣纸原本是书法、绘画的载体，但当用于宣纸灯时，就是传统材料的功能拓展。随着传统纸张制作工艺的复苏与新技术的不断推动，纸质文创产品将不再局限于诸如笔记本、纸雕、红包等传统应用领域，而会越来越多地成为各类居家用品。但是，随着材料功能的拓展，设计师只有对材料特性和制作工艺进行深入的研究和试验，才能让创意成为符合物性特点的产品方案。

图 2-12 古代斗拱榫卯结构

传统工艺品的功能创新还可通过将“制作工艺”转变为“产品功能”来实现。例如，传统榫卯结构工艺（图 2-12）并非只能用在建筑或家具中，也可以将榫卯结构的原理运用于益智玩具；传统的剪纸工艺不是只有剪纸作品一条路径，也可以将“剪纸过程”转化为休闲娱乐产品。诸如此类的创意领域有很多，如刺绣、竹刻、木雕等，都可以将工艺制作本身开发成各种儿童益智产品或老年康复产品。

现在，“萌化”演绎已经成为一种流行功能创新方式，可以带给消费者浅显直白的快乐。实际上，中国传统工艺品的许多功能对于今天的生活方式依然有用，只是其传统外观可能与活泼、个性、时尚的现代环境有些格格不入。因此，传统工艺品的功能创新可以在外观上通过添加“潮”“萌”“逗”“呆”等元素，使之成为可爱、有趣的产品。现代社会的快速变化带来了巨大的不确定性，人们离原本那种自由、自在、自然的生活方式越来越远，承受的压力与挑战越来越大，文创产品是为现代人创造新的生活方式，那么提供更多有趣的用品，创造诗意的生活世界，是文创产品设计师的责任和义务。

思考与实践

1. 除了“无中生有”“吐故纳新”“物以致用”之外，您认为还有哪些可供采用的产品创意路径？

2. 分析所搜集的文创产品的创意思路，说明其连接历史传统与现实生活中的方式。

第三章

文化创意产品设计流程

由于文创产品的形态、功能、材料、工艺等要素千差万别，所以设计探索并没有标准的流程与方法，但对于消费主体及其需求的分析，以及针对产品的市场调研、原型设计、打样及测试等环节却是不可或缺的。因此，无论产品的功能、形态或结构的复杂程度如何，设计师都应将设计探索看作是一项系统工程，遵循一定的流程规范，了解每一个新产品的诞生都要经历概念、立项、开发（设计）、验证、发布和销售等步骤。

产品创意是指对新产品提出概念、设想或创意的环节，通常由设计团队、市场营销、高层管理及其他专业部门的人员共同参与，相当于产品的“顶层设计”。在产品创意的基础上，根据对用户需求的挖掘、分析，筛选少数几种创意，提出原始的产品构思（概念产品）。这一环节的关键是理解需求的本质，充分考虑产品适用群体及该群体的使用习惯和思维方式，对产品在实际生活中的使用场景加以模拟与分析。

产品创意通常以产品策划方案的形式来呈现。在产品创意的基础上，策划方案主要从消费者的角度对产品构思做出详尽的描述，从而将“概念产品”具体化，以文字或草图等形式描述产品的性能、用途、形状、优点、价格、名称与文化内涵等，以及提供给消费者的利益，让他人能够一目了然地识别新产品的特征。

市场调研是针对产品创意或策划方案提出的概念产品特征进行调查验证，为产品策划方案或产品设计方案提供分析依据。这一环节的成果通常以市场调研报告的形式呈现，这是确定产品立项和设计定位的依据。

在明确了产品设计定位后，将抽象的产品概念转化为具体的、可视的产品形象，绘制产品效果图，作为产品开发或原型设计的依据。

原型设计是指通过“无中生有”“吐故纳新”“物以致用”等创意路径，在功能、造型、结构与视觉等方面展开设计探索，形成原型产品制作用的工程图纸与相关文件。

产品打样是指按照原型设计文件制作样品或模型，以便于检测产品构思在形态、功能、审美、技术以及商业转化方面存在的问题，提出修改方案。

测试与迭代是指将打样好的产品进行小规模测试，回归真实场景使用产品，发现问题与不足，根据反馈意见，提出修改或优化措施。

以上流程也可简化为三个阶段，其一是设计准备阶段，是从概念提出到产品立项的过程；其二是设计探索阶段，是从产品立项到产品打样的过程；其三是设计验证阶段，是对小批量产品的试用和测试，根据信息反馈进入产品设计的迭代周期。

第一节　从概念提出到产品立项

在计算机软件产品设计中，软件产品经理需要在不同时期撰写商业需求文件（BRD）、市场需求文档（MRD）和产品需求文档（PRD）等文件。商业需求报告是基于商业目标或价值所描述的产品需求内容报告，作为产品投入研发之前供企业高层决策评估的依据。商业需求报告是把最初的产品概念变成文字，只不过文档比较短小精练，虽然没有产品的细节描述，但包含了初步的市场分析、销售策略和盈利预测等内容。市场需求文档充实了市场数据，是在市场调查的基础上对产品的市场预测，对产品所在市场、购买者或消费者的需求进行精确的描述。市场需求文档把产品概念转化为具体的指标和技术要求，提供给研发部门设计产品。文创产品开发可以参考上述规范，在概念提出之初用文字或草图将创意记录为文档，在产品立项之前以科学的方法进行产品市场调研与分析，最后以专业语言对构思的产品进行指标化的描述并形成完整的产品策划方案。因此，从产品概念提出到产品立项至少经历三个步骤：一是提出概念，相当于产品顶层设计；二是产品市场调研，这是以用户为中心的产品设计理念的体现，是对产品生命力的保证；三是产品策划方案写作，精确描述产品的功能、用户和特征等，作为设计探索的目标或标准。

1. 产品顶层设计

文创产品概念的提出必定是文化创意的结晶。由于设计师的个人经验或知识总是有限的，因此要把文化创意转化为产品概念，通常要经由“头脑风暴”，即由来自不同领域或背景的成员通过思想的碰撞、交锋、总结和筛选之后，形成若干概念作为备选的产品构思，才能明确概念产品的定义，建立共识并初步拟定设计方向，形成商业需求报告文件，内容包括：第一，新产品是什么，需要解决的问题是什么，或者能够满足用户什么需求；第二，设计新产品的理由，如社会背景、市场空间、竞争对手及使用情景等；第三，如何开发产品，即产品的规划、设计的计划、营销的设想等；第四，需要多少成本？包括人力、材料和场地等各种成本的预算；第五，能获得的收益，包括价格、用户、市场乃至未来三年的规划等；第六，风险预测，包括产品能否设计成功、市场会不会失去先机、对手竞争、用户接受度等因素的考虑以及规避方案。商业需求报告的重点在于：一是记录了最初的“灵感”或“火花”，这些往往是新产品“吸睛”的亮点或卖点；二是建立起产品的“顶层设计”，后续决策与设计都是对顶层设计的继承或阐发，因此顶层设计的优劣决定了最终产品在市场上的成败。

（1）消费心理与行为分析

文创产品设计的对象是商品，设计的目的是要卖出商品。然而什么样的文创产品卖得好呢？必然是能够满足“人”之“需要”的产品。这里的“人”既不可能是全部的人，也不能是少数的人，而必须是大多数的人。一方面，好的产品应该能满足大多数人的需要，这才是设计的价值所在。另一方面，由于文创产品目前并不是一种刚需型产品，因此消费者的需要既可能是对“产品”的需要，即实用功能需求，也可能是对“非产品”的需要，即情感方面需求。“非产品”的需要可能是要满足一种虚荣心，也可能是从众心态，是与产品功能或审美无关的“需要”。无论如何，所谓的需要都是指人对某种目标的渴求和欲望，是一种心理现象。

因此，就消费者个体而言，文创产品的顶层设计可以通过心理学的方法来研究、分析用户心理需求，分析他们对于功能、外形、色彩、符号等设计元素的不同反应。不同的民族、时代或文化背景的人对于这些元素的反映一定是不完全相同的。就消费市场整体而言，产品不可能迎合每一位个体用户。这是市场调研的意义所在，市场调研的目的是要找到能够让市场中大多数用户接受的产品，而不是被某一个体所满意的产品。这是一个需求挖掘的过程，产品概念提出的过程就是需求挖掘的过程。尽管我们知道需求的本质是“快乐”，但能够带来快乐的东西是多样的、多元的、复杂的，并且与功能是紧密关联的。

作为个体的消费者的需要是心理学的概念。按照马斯洛的层次需求理论，人都潜藏着七种不同层次的需要，由低到高分别为生理、安全、社交、尊重、认知、审美与自我实现需求，它们在不同时期表现出来的迫切程度不同，从外部得来的满足逐渐向内在得到的满足转化，而最迫切的需要才是激励行动的主要原因和动力。其中，“审美需求”是较高等级的需要，“爱美之心，人皆有之”，每个人都有对周围美好事物的追求。“自我实现”是最高等级的需要，是一种“创造”的需要。在自我实现的创造过程中，创造的欲望、创造力都是最强的。由于审美与创造处于最高层，所以对文创产品的需求一定跟社会发展水平密切相关。因此，不同地方的用户体验心理是不同的，这种不同不仅存在于贫富群体之间，也存在于东西方之间，存在于男人与女人、老年人与年轻人之间。这就要求顶层设计对于产品的使用对象有准确的定位。

因此，现代人的消费需求特征主要有：（1）多样性：不同群体（收入、教育、职业、性别、年龄、民族）以及不同时期的消费者，他们的需要是不同的。（2）伸缩性：随着购买水平的变化，消费者在数量、品级等方面的需求有一定的弹性，往往随商品价格的高低而转移。（3）时代性：时代精神、风尚、流行、环境、价值观、生活方式的变迁会带来需求的变迁。（4）可诱导性：通过企业营销活动，消费需要会发生变化和转移。

现代人的消费动机一般包括七种类型：（1）求实：对商品和服务的实用价值的追求。（2）求新、求异：对时尚、新奇、刺激、个性化等方面的追求。（3）求美：对商品的造型、色彩、款式、艺术价值或风格的追逐。（4）求名：通过名牌和高档商品的拥有来显示和提高身份、地位、品味。（5）从众：要求与别人保持同一步调。（6）求癖：满足特殊爱好而形成的购买动机。（7）求便：追求快捷、方便的生活方式。

求实、求美、求癖、求便等属于“实用性”消费动机，求新、求异属于“炫耀性”消费动机，求名、从众属于“从众性”消费动机。炫耀性消费是凡勃仑提出的一种消费理念，指富裕的上层阶级通过对物品的超出实用和生存所必需的浪费性、奢侈性和铺张浪费，向他人炫耀和展示自己的金钱财力和社会地位，以及这种地位所带来的荣耀、声望和名誉，因此是一种“纯粹”的消费，是一种对消费的心理依附性。炫耀性消费发展到极致状态就是“符号消费”，形成一种被动的从众型消费潮流。

从众型消费是构成作为整体的市场消费需求的主要原因，文创产品的消费市场往往建立在这种消费动机的基础之上。虽然就特定的消费者个体而言，这种模仿性消费行为未必是真实有用的需求，而且有着明显的时间性或周期性特征，却为创造整体的消费市场需求创造了可能。

（2）文创产品的需求特征

文创产品的需求特征并不只存在于单一的审美维度，而是广泛存在于产品的日用性、审美性、时代性、文化性、情感功能以及个性化等多个维度中。因此，文创产品设计不是一种“设计感”的建立，实际上对于设计感的过度强调反而会弱化产品外观的自然性，从而与消费者想要重新回归自然、返璞归真的心理需求背道而驰。文创产品消费者的消费欲望往往来自于一时的冲动，可能只是因为产品的色调正好契合了某一时刻的情绪，也可能某种纹样正好调动出某一段回忆，因此只有那些能够带来感动的产品、能够打动人心的产品才能成为“爆款”。过去，现代主义的艺术设计思想一度让许多设计之物变得单调、冰冷而缺乏温度，当代的消费者已经厌倦了单调、统一和冰冷，转而追求情感的共鸣、有温度的用品和与众不同的生活方式，文创产品就是在这样一种需求氛围中获得了成长的空间。

文创产品的日用性并不仅仅意味着某一特殊的实用功能，而是由产品的功能、审美、环境和个性等多种因素共同作用而形成的。文创产品设计是对生活方式的“再设计”，轻视功能的改善往往是文创产品缺乏市场竞争力、流于同质化竞争的一个重要原因。随着人们的物质生活不断丰富，产品是否顺手、是否容易收纳、是否容易清洁、是否安全等因素都是消费者关注的问题。就设计师而言，即使能够解决其中一个不起眼的问题，也能为产品增加卖点。对这方面细致入微的思考，有助于设计师形成差异性的设计思维，从而满足不同的个性需求。

文创产品的情感性是由产品的文化性、艺术性、象征性、趣味性等因素共同作用而形成的，也包括设计师本人在设计探索中的情感投入。然而，设计师的情感投入不是一种盲目的感性化投入，依然是一种理性的付出。首先要对用户人群的行为特征、心理需求乃至兴趣爱好有所把握，其次要对产品的使用场景进行假设，才能让设计师以用户角色投入其中，感受产品的使用过程和心理活动。这种投入还要考虑产品在何时、何地、为何事使用，从而为产品使用搭建一个相对真实的使用场境。显然，即便在同样的场景中，男人或女人、老人或小孩也会有不同的反应，能否让所有人群或特定的人群在使用中体验到快乐，应当纳入产品的设计思维过程中。

文创产品的未来性通常是由产品所蕴含的吉祥元素、收藏价值、新的技术或智能化功能等诸多因素形成的综合效应。文创产品的本质是要连接历史与现实，但现实的生活世界却在被现代技术不断地推向未来。对传统的继承不是要回到过去，现实生活永远是朝向未来发展的。因此，在文创产品中融入文化性即连接历史传统的目的，是为了更好地走向未来，而带领人们走向未来的产品一定是受欢迎的产品。文创产品设计师不仅要善于运用新技术、新材料或新工艺，还要积极传递出希望和美好的意境。

2. 产品市场调研

概念阶段的调研有两个目的：一是对概念产品的的验证，也就是对核心需求的验证；二是为原型产品设计提供指导。针对“产品改良”和“新品设计”，产品调研应当采用不同的调研方案。针对“产品改良”的调研是要找出旧产品存在的问题并进行改进，提升产品的用户体验；针对“新品设计”的调研是要制订原型设计方案。产品调研不只存在于顶层设计阶段，而应贯穿于从产品形成到消亡的整个过程。

（1）市场调研的内容与方法

产品设计市场调研的内容包括：一是经营环境调查，包括外部宏观环境（政治与法律、经济、社会与文化、技术等）调查与行业竞争环境（竞争者、供应商、同类产品等）调查。二是市场需求调查，包括市场需求规模、相同或类似的产品的市场占有率等。三是消费对象调查，包括消费需求调查，即了解消费者希望从中得到哪方面的满足和需求；顾客分类调查，如顾客的数量、特点及分布，对产品和服务的需求程度、购买动机、使用习惯等。

市场调研的方法，一般分为观察法、访谈法、抽样法、实验法等几种。

观察法是采取不引人注目的方式来观察消费者购物和使用产品的情形，是一种单向的直接观察，实地记录。比如在不同的地点连续进行跟踪观察以获取动态的数据记录，或者从不同角度对调查对象进行观察从而做出整体评价。

访谈法是一种双向沟通的调研方式，分为口头询问法和书面询问法，具体形式包括问卷调查、电话访谈、座谈会、深度访谈等。“焦点小组访谈”（focus group）是常用的访谈形式，即基于人口统计特征、心理统计特征和其他因素的考虑，谨慎招募 6–10 名志愿者，将他们召集在一起，由主持人根据事先拟好的提纲，在规定时间内与参与者进行讨论。在焦点小组访谈中，主持人试图辨别消费者的真正动机和消费者会提及所做过的某件事的原因。通过焦点小组访谈，调研者可以了解消费者接受或拒绝某个产品的概念、创意、特点及其原因。

抽样法包括任意抽样、判断抽样和滚雪球抽样等类型，通过问卷、随机抽样等方式获取资料。这种方法需要预先确定三方面的内容：一是向谁调查，二是样本大小，三是如何选择受试者。

实验法通过排除所有可能影响观测结果的因素来获得现象间真正的因果关系。定性的实验法用于发掘问题，理解事件现象，分析人类的行为和观点，可以解决“为什么”的问题。定量的实验法是对定性问题的验证，用于发现行为或事件的一般规律，可以解决“是什么”的问题。

我们可以通过四个象限来描述不同调研方法的作用，由于在产品不同阶段需要解决的问题不同，选择的方法类型也就不同。横轴区分通过实验法收集的数据的主观性（目标和观点）和客观性（用户行为），纵轴区分了该方法是定性的还是定量的（图 3–1）。

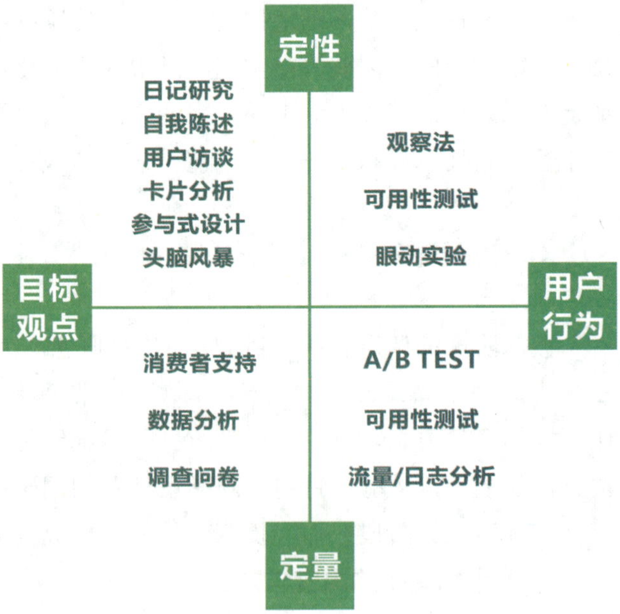

图 3–1　产品市场调研的不同方法

与产品生命周期对应的调研过程分为四个阶段：

其一，产品开发期调研。这个阶段需要解决的问题是“目标用户的需求应该如何被满足？”这可以通过用户访谈和二手资料研究之类的定性方法来解决。

其二，产品成长期调研。这个阶段需要保证和提高产品的质量，维持高增长率。用定量的方法调查积累的用户数据可以帮助我们更好地进行人群细分，再结合定性的方法来获得特定类型用户对产品的使用反馈，从而保证产品质量，提高竞争力。

其三，产品成熟期调研。这个阶段产品趋于稳定，需要不断创新来保持竞争力，通过发现新的用户群、增加新特性来开辟市场，重新进入成长期。此时可以通过定性的方法发现需求，并结合定量调查来验证评估可行性。

其四，产品衰退期调研。当产品走向消亡，就需要调整产品以适应新的用户群，实际上此时需要重新回到“开发期”。

新产品开发的成败，关键在于能否满足市场需求。对于一个“未来之物”的合理筹划或谋划，必须建立在对现实（包括历史）的周密分析和深刻理解的基础之上。因此，首先是细察环境和竞品研究，了解市场同类产品，判断客观环境，描述并概括设计需要解决的实际问题。竞品研究的问题如竞争对象的产品优劣势是什么？我们的机会在哪里？如何进行差异化设计？其次是形成方案，要探索多种解决方案，考虑其可行性，并对此进行快速测试和反馈。再次是选择方案，对方案进行测试、评估与验证，选择最佳方案，并通过用户反馈不断优化设计方案。最后是评估结果，通过论坛、问卷、后台数据等各种渠道收集用户反馈，通过建立各类指标来衡量与跟踪产品满意度（表 3–1）。

表 3–1　不同设计阶段的调研方法

阶段	内容	目标	基本方法	辅助方法
细察环境	外面有什么？ 会发生什么？	观察，判断 描述，概括	二手资料研究 用户访谈	问卷调查 在线用户交流 网络研究 焦点小组
形成方案	可行性如何？	形成，定义， 探索	用户访谈 焦点小组 快速原型和反馈	二手资料研究 眼动测试
选择方案	哪个是最好的？	测试，评估，验证， 确认，选择，优化	问卷调查 可用性测试 后台数据分析	二手资料研究 眼动测试
评估结果	做的有多好？	衡量，跟踪	问卷调查 二手资料研究 后台数据分析	用户访谈 眼动测试

（2）调研问卷与调研报告

产品市场调研的目的是帮助设计师跳出以自我为中心的观念局限，从个人思维换位到用户思维，了解用户对具体产品的功能需求、价值评定、审美观念等。因此，市场调研是文创产品从业者应该具备的基本职业思维方式和行为方式之一，是设计师应该具有的能力和知识，是设计过程必不可少的步骤之一。

一般情况下，市场调研可以通过入户、电话、网络或在人流集中地区进行。调查者通过统一设计的问卷来向被调查者了解情况、征询意见，这是发现用户及其意见的最佳方式。问卷类型分为结构问卷、无结构问卷和半结构问卷。问卷调查省时省钱省力，不受空间限制，便于定量分析和研究。

收集到的信息要形成列表并生成频数分布来提炼分析结构。调研人员可以计算主要变量的均值与标准差，应用一些高级的统计技术和决策模型，或可得到一些意外发现，也可以检验假设与理论之间的差别，还可应用敏感性分析检验假设和结论的信度。

调研问卷由与调查主题相关的一组问题构成。在大规模地使用问卷进行调查之前，调研团队需要仔细设计问卷，并对问卷中的问题进行测试和调整，然后再进行问卷的分发。问卷中问题的格式、词序和问题的顺序都可能影响问卷的填答效果。

调研问卷中的问题分为“封闭式问题”和“开放式问题”两种。封闭式问题一般在问卷中给出了所有可能的答案，提供的答案也易于理解；开放式问题允许被调查者自己组织文字描述或回答问题，尤其适合在探索性阶段使用，有利于获得人们更多的想法（表3–2）。

表 3–2　问卷问题的种类

名称	描述
A．封闭式问题	
判断题	判断是非或正误的问题。
多项选择题	有两个或两个以上答案的问题。
李克特定量表	请受访者对于一个描述表示认同度。
语意差别量表	在两个极端语意间赋予尺度。请受访者根据自己的看法选择最适当的位置。
重要性量表	衡量某项属性重要性的量表。
评分量表	对某项属性从“差”到“极好”给予评比。
购买意图量表	描述受访者购买意愿的量表。
B．开放式问题	
完全无结构	受访者的回答方式几乎完全不受限制的问题。
词语联想	每次向受访者提供几个词汇，请受访者给出看到这些词汇后最先联想到的词汇。
句子完成	请受访者将一个未完成的句子填写完。
故事补完	请受访者将一个未完成的故事继续补充完整。
图画完成	图中描绘两个人物，其中一人说了一句话，请受访者假想另一个图中人物，在空白处完成对话。
主题统觉测量	请受访者根据一个给定的图画设想图中可能会发生的事情。

完整问卷调查表一般包括五个部分：被访问者状况，调研内容，填表说明（目的、意义、要求等），调查者项目（姓名、单位、时间等），编号。调查表的设计质量直接影响后续的市场分析，因此设计调查表要特别注意以下几点：问卷设计要与调查主题密切相关，重点突出，避免可有可无的问题；问题要尽量简单易懂，确保问题描述不会出现歧义，不会给填答者任何倾向性暗示，避免出现被调查者不愿回答或令被调查者难堪的问题；问题要条理清楚，顺理成章，符合逻辑顺序，一般将容易回答的问题放在前面，将较难回答的问题放在中间，将敏感性问题放在最后；避免使用术语或缩写，避免模糊不清的用词如“通常”或“经常”等；避免使用否定性用语；避免假设性的问题；确保问题的备选答案没有重叠；备选答案中应当列出“其他”选项，允许受访者不勾选已列答案。

调研问卷回收后要进行数据分析，然后要撰写调研报告，展示整体分析结果。调研报告应对调研过程加以说明，包括调研目的、调研方法、数据资料的处理技术、主要调研资料摘录、调研结论等。报告的对象主要是上级决策者时，调研报告应着重报告调研的成果，提出结论与建议。

产品市场调研报告要按规范的格式撰写，一般包括调研报告题目、调研报告目录、前言或概要、主体部分、结论与建议。

前言或概要以简明扼要的文字梳理出调研报告撰写的依据，报告的研究目的或主旨，调查的范围、时间、地点及所采用的调查方法、方式。

主体部分包括对于产品设计所拥有的资源和面对的竞争环境的分析，以及市场需求与市场前景分析，如产品销售对象的数量与构成，消费者消费需求量和实际购买力，潜在需求量及购买意向，消费者需求层次和需求程度的变化情况等。

结论与建议综述整个报告，重申观点或是加深认识，通过对拟设计产品的市场需求、竞争对手等方面进行研究，并在此基础上提出相应的建议。

3. 产品策划方案

按照《哈佛企业管理》丛书的定义：“策划是针对未来要发生的事情做当前的决策。换言之，策划是找出事物因果关系，衡量未来可采取之途径，作为目前决策之依据。亦即策划是预先决定做什么、何时做、如何做、谁来做。”据此，策划是一项立足现实、面向未来的运筹活动，需要根据现实的各种情况和信息，判断事物变化的趋势，识别现实的需求并创造潜在的需求，围绕某一活动的特定目标，全面构思、设计、选择合理可行的行动方式，从而形成周密而合理的决策方案和高效的工作方案。

策划是一项创造性活动，策划的过程是创意的过程，是对“未来之物”的设计与筹划，它是“无中生有”的，或者是“有中生优”的。策划一方面要以调查与分析为前提，另一方面要对事物发展的趋势和潜在可能性进行深入思考和研究，所以策划必然是一个理性思维的过程。策划必须重视长远利益的合理定位，处理好总体目标和具体目标的矛盾。策划一定要从现实条件出发，根据现有的人力、物力、财力、信息和知识资源等，做出符合实际的可行方案。质言之，策划必须做到顺应趋势，符合规律，既有前瞻性，又有现实可操作性。

（1）文创产品的特殊性

文创产品与其他产品的一个显著的差异，是其需求的不确定性，这不仅取决于功能性或使用性，还取决于审美性与文化性。由于文创产品是要连接现实生活与历史传统，因此关注生活方式的变化，使产品适应当代人的心理需求是产品策划的关键。随着现代技术的飞速发展，文化全球化潮流势不可挡，人们的生活方式处于前所未有的快速变动之中，一方面，新产品必须适应生活世界的传统习惯，另一方面，技术与思想观念的变迁又源于文化的影响，文创产品的开发既要以创新引领时代潮流，又要有继承以符合传统习惯，所以必须准确把握或区分生活方式和消费者需求中的变与不变的成分。

实际上，当代社会呈现出了一些明显的变化。譬如，新的技术层出不穷，“智慧城市”或“智能家居”等概念提出反映了生活世界的智能化要求，这为传统日用商品的迭代与创新带来了机会；城镇化、乡村振兴计划正在改变农村的传统生活方式与消费观念，农村青年对于文化的追求、对于流行的追逐等给文创产品带来了广阔的市场空间；数字化与现代化带来的现代性问题给现代人造成的冲击，让越来越多的人开始注重传统文化的价值，国学热、汉服热乃至古村古镇旅游热都反映出人们对传统生活方式的某种向往。这些都是连接历史传统的文创产品的潜在价值需求。

具体而言，文创产品策划应把握一些基本的步骤和方法，每一步骤都要重视趋势和商机的思考或捕捉，从而把文化创意和文化资源转变为具有产业规模价值的商品。

a. 市场定位阶段

这一阶段旨在让潜在消费者将该产品与其他产品清楚地区分开来，以便于开发团队找到一个最有利的位置与竞争对手抗衡。这需要在深度市场调研和对文化资源科学评估的基础上进行确定。由于文化内涵是展开差异化竞争的重要手段，所以要特别关注分析某一区域的的文脉特点和某一阶段的消费趋向，确定产品开发的方向和主题格调。文创产品策划的核心是对文化创意或文化资源进行概括、发掘与升华，让文化内涵与产品功能实现深层次的融合，强化产品的吸引力和市场竞争力。

b. 产品定义和设想阶段

用文字描述产品。许许多多的产品创意按照某种规范存放就形成了思想库，思想库中的创意并不全然是想象或虚构的产物，可能来自于市场调研报告、研发报告等内部文档，可能是团队成员在不同时段经过头脑风暴讨论的结果，也可能是消费者的抱怨、投诉或意见，设计师总结的经验等。思想库需要不断地更新，每一个创意应该要有定义与再定义的过程，从而确保这是一个真正有用的产品来源库。在这一过程中，策划者应该善于学习借鉴外来经验，善于学习别人的生产资料、原料或素材，养成搜集素材、资料或原料的习惯，善于对点子进行分解和综合，从而形成“本土”的创意，善于与同事、同行、客户或其他专业人士沟通，及时了解产品使用情况的反馈。

c. 产品设想的评价与筛选阶段

对成熟的产品定义和设想或看起来可能有市场的创意想法进行规范的描述后，要提供给消费者进行评价，以便挑选出受欢迎程度较高的产品设想，推进到概念筛选阶段。

d. 产品设计阶段

差异化是产品设计的关键。要加强专业化工艺的运用，善于应用新技术提高科技含量；要有前瞻性思维，面向未来，不能机械地复制历史或传统；要体现人性的主题，注重对于人类共通的情感和追求的挖掘；要有可感性，能够让用户直接感受、体验到所要传递的思想，采用情景化或场景化手段来展开视觉设计，或通过放大、缩小、变异、嫁接、组合、卡通化等手法来固化某些创意特征；要采取主题化、集约化的手段，通过移植、借势、嫁接等手法实现文化资源的整合。

（2）文创产品策划方法

鉴于文创产品的特殊性，产品策划必须以内容创意为核心，将产品设想与文化资源融合并提炼出一组产品创意。策划工作的每一阶段，都要以文化创意为灵魂贯穿于思维过程，充分利用新技术、新材料与新工艺作为创新、创造的支撑，同时要做好商业模式的设计和市场营销的预案。具体而言，文创产品策划的主要任务是：

其一，分析情况。根据市场调研即数据分析的结果，得出产品的市场需求结论。

其二，发现问题。根据市场需求，展示产品开发的灵感。

其三，确定目标。针对发现的问题，用头脑风暴等方法激发灵感，提出新产品构思。

其四，设计方案。编制产品设计方案，包括产品原型设想、日用功能、外观风格与制作材料等。

其五，优化方案。以“未来之物设计”为目标，对多种方案进行论证、调整和优化。

虽然创意是文创产品的关键，但创意是一个过程，其形成并不是一蹴而就的，甚至贯穿于策划、设计到生产的整个过程，因此策划阶段的焦点依然是市场定位，在准确的市场定位基础上才能落实亮点或卖点的设计。获取亮点或卖点的方法就是创意的方法，这些方法通常有头脑风暴法、德尔菲法、灵感涌现法、原点放大法等。

头脑风暴法，原本是一个精神病理学词汇，现在被管理学演绎成为一种典型的群体决策方法，指通过无限制的自由联想或讨论，产生新观念、激发新思想。头脑风暴法一般采用会议的形式，以 5–12 人为佳，在一个自由的空间内，打破常规，积极思考，每一个人充分表达意见。这是一种最常用的获取“点子”的方式，策划团队与受邀专家一起互相启发，集思广益，启发思维，获取广泛的信息和创意元素。

德尔菲法，是按照规定程序背靠背地征询专家对未来市场的意见或者判断，然后进行预测的方法。做法是采用函询、电话或网络等方式，反复咨询专家们的建议，然后由策划者做出统计；如果结果不趋向一致，那么就再征询专家，直至得出比较统一的方案。德尔菲法的优点是专家互不见面，不会有共处一室时可能产生的权威压力，同时具有匿名性、反馈性及统计性等特点。德尔菲法的工作流程一般分为四个步骤：第一步是开放式的首轮调研。由组织者发给专家的第一轮调查表不带任何框框，只提出预测问题，请专家围绕预测问题提出预测事件。然后汇总整理专家调查表，归并同类事件，排除次要事件，用准确术语提出一个预测事件一览表作为第二步的调查表发给专家。第二步是评价式的第二轮调研。专家对所列每个事件做出评价，说明理由，组织者统计处理专家意见后整理出第三张调查表。第三步是重审式的第三轮调研。发放第三张调查表，请专家重审争论；给出新的评价；如果修正观点，应叙述改变理由；组织者回收专家的新评论和新争论，统计并总结专家观点，形成第四张调查表，其重点在争论双方的意见。第四步是复核式的第四轮调研。发放第四张调查表，专家再次评价和权衡，做出新的预测。组织者回收第四张调查表，归纳总结各种意见的理由及争论点。

灵感涌现法，通过收集有关文创产品、消费市场、消费群体的相关信息，在分析与综合之后形成元创意和策划的初步轮廓。灵感的涌现未必立即形成具体的策划，但当灵感积累到一定程度之后就可以妙手可得，自然而然地形成成熟的方案。

原点放大法，是在一个原初理念或元创意的指引下，通过调查和思考对事物有一个比较全面的认识，在此基础上对事物的发展做出夸张性的设想，运用这种设想对具体产品进行策划。

除此之外，策划方法还有让不确定的灰色信息转化为白色的清晰信息的“灰色显白法”，把原有不同产品中可以借鉴的因素整合为新产品的“组合法”，集中讨论产品构思不足的“反向论证法”，与所掌握的其他产品进行纵向与横向联想比较的“类比法”，以及通过出奇制胜意在达到某种突然性的“奇正分析法”等。

（3）产品策划方案撰写

产品策划方案的撰写通常围绕五个“W”和一个“H”来解答问题，其中最重要的是 Why（为什么）、Who（为了谁）和 What（是什么）。

a. 策划背景

说明“为什么”（Why），包括产品项目开发的背景、必要性、依据、市场定位和经济价值等，分析对于企业发展、满足市场和社会需求、促进地方或国家经济社会发展等方面的现实意义。

b. 资源基础与竞争环境分析

说明产品“为了谁”（Who）。描述或分析与所要开发的产品相关的各种资源条件，如文化资源、知识产权、开发团队、设计能力、技术条件等方面的优势和劣势；环境分析包括国家或地方对于本产品领域的扶持政策或税收政策等，以及国内外需求、预计的产品竞争力、销售预测、价格分析等市场前景，通过对产品在市场的供需、销售、价格、竞争对手、产能分布的调查研究，确定目标市场、市场份额、营销策略和市场风险评估机制。

c. 产品定位与目标

说明产品“是什么”（What）。对产品所涉及的各种概念进行构思并确定方案，分析产品未来的竞争优势，确定该产品的基本定位和发展目标。内容包括产品定位、目标分析、总目标、经济指标、技术指标和环境指标等。

d. 产品方案

说明产品“怎样做”（How），处理产品从概念到落地的问题，包括产品的基本功能、造型或外观、基本色调、主要材料、外形尺寸、制作工艺、实施进度等方面的初步构想，以及初步规划的产品设计流程。这部分内容直接影响产品设计探索的过程，也为产品创意确立了基本的视角或路径。文创产品是“故事、视觉、功能”三者的融合，因此产品方案策划应围绕“故事、视觉、功能”三者的有机融合来展开。这里的“故事”是产品的灵魂，是实现产品差异化的捷径。策划者要清楚地知道想要给用户传递一个什么样的故事，思考所要讲述的故事能不能感动用户。由于故事通过视觉效果来传递，因此要对当代社会普遍的审美意识或审美追求有精准的判断。产品的功能是其生命力所在，文创产品的生命力在于“生活”，也就是产品在生活世界中的“有用性”。

完整的产品策划方案还应包括组织方案，说明在“何时”（When）、“何地”（Where）设计、开发和生产产品，包括产品实施中的组织结构、团队、培训、外部协作等方面的内容，还有营销方案、商业模式、融资策划、效益分析、风险分析及保障措施等内容。

在实际工作中，产品策划方案还分为产品研发策划与产品营销策划两种类型。产品研发策划是针对市场需求，以细分市场为基础形成产品开发的整体思路。产品营销策划是对在销售过程中塑造品牌形象的具体做法进行策划。

产品策划方案的文本可以形式多样，但内容应尽量采用直观性强的图标、图形、图案、照片乃至多媒体动画展示来辅助说明；数据应少用单调的表格，尽量采用柱状表、带状图等表现方式。策划书在具体撰写中，应根据产品和企业实际情况有所选择或侧重。策划书的一般构成如下：

a. 封面与扉页：策划主办单位、策划组人员、日期、编号。

b. 前言：概述策划任务的由来、目的、背景、指导思想、策划思路、预期结果等。

c. 目录：策划方案的内部层次排列。

d. 主体内容：一般包括宏观环境分析、行业背景分析、企业背景分析、市场环境分析、目标市场战略之细分市场、目标市场战略之目标市场确定、目标市场战略之市场定位、概念产品（特性、价格、原理、材料、包装等）、产品方案等。

e. 实施进度表。

f. 参考资料与附件。

第二节　从产品创意到设计探索

从概念提出到策划方案，产品的特征、用户和适用情景已经有了完整的构思，设计探索也有了目标，后续将进入由“起、承、转、合”四个环节构成的设计探索过程。“起、承、转、合”出自元代范德玑所著《诗格》：“作诗有四法：起要平直，承要春容，转要变化，合要渊水。”曹雪芹在《红楼梦》中借黛玉之口说道：“什么难事，也值得去学？不过是起、承、转、合……”因此，“起、承、转、合”是文学艺术作品创作普遍适用的章法或结构技巧。刘震元在《产品设计程序与方法》一书中，将“起、承、转、合”看作设计思维过程的四个阶段，我们将“起、承、转、合”看作是设计探索的节奏，从而让设计过程的每一项工作条理分明。

1. 设计探索的起承转合

“起”乃起始、开端，选择并确定产品创意的维度是设计探索的起点。产品的“顶层设计”即概念的提出，在大多数情况下还处于“前设计”阶段，还没有涉及具体的设计路径，只是以某种构思提出产品设计目标，通常并不是设计探索的起点。文创产品的设计起点是创意路径的确定，在“无中生有”“吐故纳新”或“物以致用”等方式中选择一个维度（图 3-2）。在诸如此类的创意路径中，设计探索都将立足于现实生活经验和历史文化传统，而不是某种一时的冲动或空泛的想象，从而为设计思维奠定厚实的理

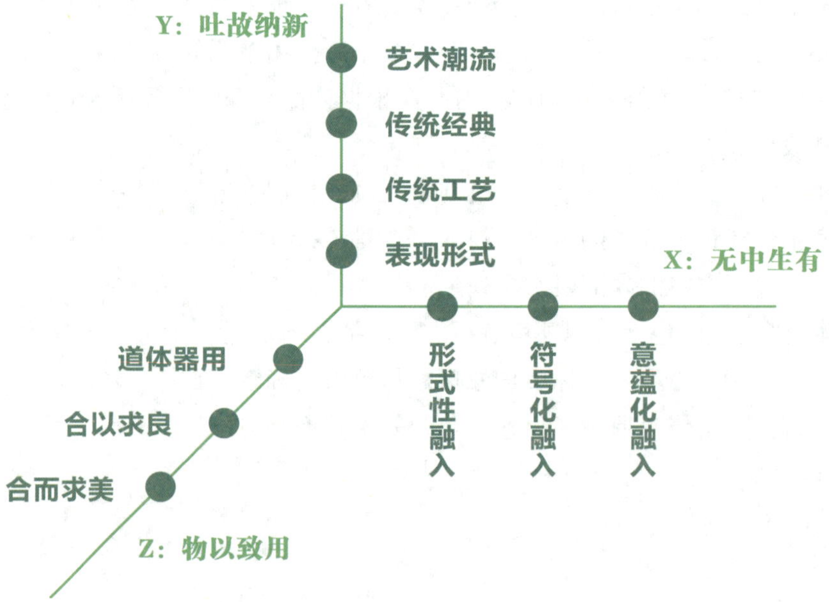

图 3-2　产品设计的创意维度

念根基。虽然创意路径的差异将带来起点和路径的不同，但在实际的设计探索过程中往往需要采用多种路径、多个视角或多个维度的复合运用，从而带来设计风格上的多样化，形成产品的差异性和设计师的艺术个性或创作特色。但是，在设计探索的起点上，设计师务必确定一个明确的视角或维度，以此为起点，避免在一开始陷入思维的混乱状态。

“承”乃承接，是“起”的延续、“转”的开启。在这一过程中，设计师已经确定了展开新产品设计的维度，譬如已经决定要以“吐故纳新”为起点，设计一款（或系列）时尚型日用商品，那么就要按照对应于这一创意路径的设计原则确定一条“时尚化”的设计路径（图 3–3）。当这一路径确定之后，设计师应展开各种信息的收集和整理工作，提炼出有利于达到设计目标的信息和素材。设计目标在本质上是用户需求，已经在产品策划方案中有了明确界定。因此信息的收集、整理与提炼就是“承上”，而“启下”就是根据所提炼的信息或素材，找到“吐故纳新”这一维度上相应的节点，即新产品主要是用以彰显“时尚”特征的亮点，是要对艺术潮流的迎合、传统经典的引用、传统工艺的借鉴，还是新技术的应用来改变产品的表现形式？一旦在这一维度选择了某一个节点，与产品相关的其他方面如功能、造型等就不再是设计的重点，而可以把设计思维集中在主要因素之上。换言之，如果选择的是其他的创意视角，那么节点的内容、设计的路径就会完全不同。以“故宫口红”为例，这一产品设计的创意视角就是日用商

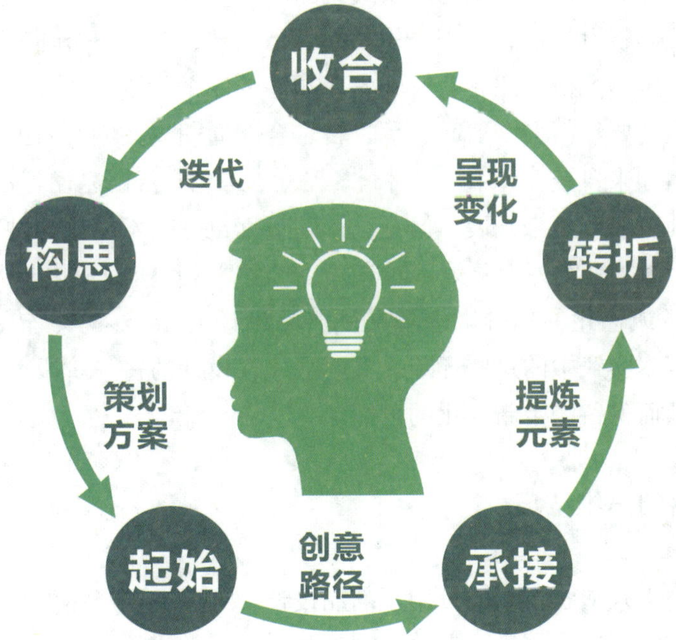

图 3–3　设计过程的起承转合

品的时尚化设计，设计的重点在于对经典图案和色彩的运用，而口红本身的功能、性质、造型等就不需要设计师多加考虑了。

“转”是转折，意味着“变化”，却是对“承”的自然承继，把设计思想转化为设计成果的过程，是收成之前的“劳动”。这一变化主要取决于设计师的领悟力、想象力、创造力、设计技能和艺术造诣，因此是设计师可以自由发挥、发散、创造的阶段。例如，对经典的引用可以有无数种可供选择的方案，不同的选择将形成不同的产品效果，这是“变化”之最重要的含义。但是，变化不仅仅存在于对于经典方案的选择、裁剪、变形或其他加工处理，还在于对新材料、新工艺的引用。“故宫口红”的外管由于采用了 3D 多层打印技术，让传统的纹样拥有了立体感很强的肌理和刺绣效果，从而凸显出非同一般的品质、品位。因此，设计师设计技能以及对新工艺、新材料的掌握等因素在这一过程中，将直接影响产品的特性或品位。只有对产品设计理念、用户需求、材料、工艺和新技术有全面的认知和把握，才能获得颠覆性、有价值的“变化”，产生令人耳目一新的感觉。

“合”乃收合，是对产品设计的各个部位进行统合、优化、完善的过程，检查产品设计与顶层设计（策划方案）是否吻合，完成新产品的设计文档。这里的统合既包括提出的概念与设计方案的统一，也包括细节设计与产品整体的统一，更重要的是产品功能、文化内涵与艺术审美三者的和谐，以及与使用者消费心理的契合；优化主要是要让设计符合时代潮流的审美观念；完善是对“道体器用”之境界的追求，尤其体现在对满足用户体验性需求和适应产品使用情景的测试或判断。

然而，尽管我们将设计探索过程分作“起、承、转、合”四个环节来描述，但并不意味着设计探索一定是严格按照有着时间先后顺序的四个阶段来展开的，而且一个成功的新产品设计往往需要经历多个“起、承、转、合”周期。文创产品虽然不像艺术作品的创作会受制于诸如来自企业、用户、材料、尺寸、工艺、营销途径等各个方面的限制，需要按照严格的规范或节奏来开展，但是设计的过程也是艺术创作的过程，设计师保持一定的“创作的自由”是发挥想象力、创造力、产生“有意味的变化”所必须的。因此，不能用机械、教条或僵化的思维来理解文创产品设计的“起、承、转、合”，而只能从逻辑上来理解探索实践中的这些环节。实际上，在设计的每一阶段都应保有一种“再创意”的意识，从而保留产生新变化的可能。

2. 设计探索的思维技巧

作为一种面向大众消费市场的日用小商品设计，许多文创产品属于对传统产品的改造或改良，功能性创新比较少见，审美上往往是对流行款式的模仿或衍生，同质化与低质化现象比较突出。因为设计师往往将主要精力聚焦于审美视角，甚至把文化理解为艺术，从而让设计探索过程脱离了现实生活，偏离了生活日用。每一位文创产品设计师都希望自己的产品是美丽的、优雅的、精致的、有格调的、高贵的、时尚的、新潮的或独特的，有时候也希望产品是超现实的、怪异的、荒谬的或疯狂的。然而，文创产品不是艺术作品，文创产品之文化不等于艺术，文创产品的艺术性究其实质而言只是一种“装饰”，使得产品外观符合于“这一时代的品味”；文化内涵融入文创产品也不是对传统符号、纹样或造型等元素的机械、生硬的叠加，而是要让历史传统与现实生活建立起自然的、有机的结合。换言之，产品适应生活世界的现实环境，自然而又与众不同地融入日常生活，才是文创产品之文化内涵的本质要求。

因此，文创产品的设计思维技巧有两个原则：第一是“创造不同”；第二是“让生活更美好”。因为不同，文创产品才会拥有附加价值；因为让生活更美好，文创产品才会获得市场需求。具体而言，设计师在设计探索的每一个环节，在把握好“文化”与“生活”两者关系的同时，通过用户思维、连接思维和重构思维来创造不同，创造美好。

（1）用户思维

用户思维是产品设计的立足点，也是文创产品设计师与艺术家的根本区别所在。在每一个设计环节中，设计师都不能忽视文创产品的服务对象，文创产品最终是为消费者服务的，而不是为设计师服务的；始终是为大众服务的，而不仅是为少数的精英阶层服务的。设计师既要为现实生活世界锦上添花，又要创造新的生活方式，带来惊喜、感动与希望。因此，文创产品的设计定位或设计理念，应该考虑产品的消费意义和使用能力，以及功能、文化、符号等方面的价值。换言之，要把用户放到产品设计的中心，针对潜在受众的需求特点，按照现实用户的思维逻辑，选择相应的设计策略和方法，使产品具有足够的吸引力、购买力和影响力。

用户思维就是以用户为中心。一般的产品特别是工业产品之设计，会强调可靠性、低成本和高效能，往往是从存在的问题着手，找到解决问题（如功能差异、材料性质或技术性能等）的方法，这是一种产品思维。用户思维则是将符合用户的愿望、需求和能力放在设计思考的首位，往往不是要寻找解决问题的方法，而是要发现“正确的问题”，在潜在的多种方案中选择一个更符合用户期待的方案。这种“正确的问题”在很多情况下是“用户结构”问题，如果以消费者整体的需求来看待特定产品的用户，便容易忽视用户在年龄、性别、职业、爱好等方面的结构性差异。虽然文创产品的销售总是追求用户数量的最大化，但每一种产品必然有其特定的用户群，因而拥有特别的产品体验模式、情感同构或其他的心理需求模式。换言之，不同群体的用户对于“快乐”的感受是不同的。因此，用户思维要求设计师在设计过程中，把自己当作这一产品用户群中的一员，做好角色扮演，进入使用场景，想象使用感受。

唐纳德·诺曼在《设计心理学》中指出，使用产品的用户都希望得到七个问题的答案，这七个问题可以作为文创产品设计师用户思维的基本问题清单：想实现什么？可能替代的动作序列是什么？现在能做什么？该怎么做？出什么事了？这是什么意思？做好了吗（已经达到目标了吗）？文创产品设计探索的过程就是设计师不断发问、反思的过程。

如果对七个问题加以简化，则变成三个原则：第一，产品是什么？确定产品设计的目标。设计师应从用户的角度来明确设计内容。第二，如何做？这涉及到设计师自身的能力，能做什么或者能做到什么程度。第三，做出来的是什么？是不是产品设计所预期的“应该有的样子”？此时应再从用户的视角审视设计成果是否合宜或合度，能否让自己倾心或感动。

（2）连接思维

文创产品是日用小商品的再设计或新设计的日用小商品。日用小商品是我们在日常生活中随处所见、随时使用的工具或用品，是为我们所熟悉的器物。因此，连接的意义在于以“熟悉”连接“陌生”，熟悉或直白的东西已经陈旧、单调或乏味，需要通过“陌生化”的方式，来提升已经习以为常事物的存在感或艺术魅力。

连接“陌生”的路径有两条：其一是在时间维度上连接已经让现代人感到陌生的过去，就是以某种素材（造型、纹样、色彩或材质等）连接历史传统与现实生活，譬如在历史文物中萃取元素加以时尚化改造，运用于现代用品；其二是在空间维度上连接让在地人感到陌生的异乡，就是让不同文化背景的人、事、物等融合于同一个空间场景，形成对比、冲突或惊奇，或者把自然界的春花秋月、天地日月，人世间的喜怒哀乐、衣食住行与产品载体、设计资源混搭在一起，达到出其不意、耳目一新的效果。

“熟悉”与“陌生”的连接，是指通过联想来实现元素与元素之间嫁接，找到相同的、不同的、相关的或不相关的结合点。这种连接形式没有一定的成规可循，一般是通过符号的象征意涵来讲述某一个故事或传递某一种思想。譬如，古代器物中经常用蝙蝠形象来传递祝福，用蜘蛛形象来传递喜气，用植物缠枝来意指生生不息……这些符号对于现代人来说或许是陌生的，却是可以理解的。换言之，连接“熟悉”与“陌生”的逻辑，在于让消费者看得懂“陌生”，消费者能够在“似懂非懂”中理解设计师所要传递的意涵。这种看似陌生的符号一定是深植于历史文化传统中的，而当消费者从符号中理解了其中的意涵，就能从中体会到产品的品位。这里的关键是似懂非懂，过于直白的设计必然是肤浅的，消费者无法从直白或肤浅中享受到品味的“过程”。

不论是时间维度上的连接还是空间维度上的连接，都会涉及到功能与文化、审美的融合与和谐，影响的是产品与生活的连接度，所以连接的成败依然取决于成品是否符合用户的使用习惯、使用场景和使用功能。换言之，连接思维一定是以用户思维为前提的。

（3）重构思维

连接思维在设计探索中主要处于文化创意展开的层面，要将连接思维落实到产品中还要在执行层面对设计产品进行从外到内、从色到形的深层次重构。重构的关键是对“有无”的取舍、结构的重组、大小的平衡或逻辑的颠覆等，也就是哪个、哪一部分以哪种方式、哪种手段来实现哪种效果、哪种诉求，比如以放大、变形、重叠等手法来处理细小的纹饰，便能触动或刺激大众的认知神经、情感思想和表现行为。结构化的重组与转变，不能局限于模块化、程式化的调整，还必须是艺术性、故事性的安排，以实现文创产品设计的出神入化与物情交融。

如果从文化层面来理解，文创产品是“有故事的产品”，那么连接思维是要“讲出故事”，重构思维是要“讲好故事”，而用户思维是要“讲巧故事”。如果从艺术层面来理解，文创产品是“有意味的产品”，那么“讲好故事”离不开审美设计，因此重构思维关联的是设计师的艺术素养与设计技能。文创产品的设计探索是符号转移与情感同构的一个过程，通过对符号的萃取、过滤、加工、转译、重构等一系列操作，对原型载体的造型、材质、工艺、文化符号、精神内涵进行组合与融合，经过抽象加工使之转译成符合现代审美、承载文化语言、合度好用、巧饰自然的产品特性。

3. 设计案例解析

在文创产品设计探索中，理论上可以按照“寻找亮点故事——思考设计载体——酝酿设计特征……”的步骤来展开，但有时候灵感来了，点子泉涌，却难以厘清亮点何在。因此当确定了产品策划方案后，产品设计的目标或任务已经明确，接下去就要确定“起承转合”中的起点，这一起点决定了后续设计探索如何展开。

以“小笼包”为例（图 3-4），设计目标是要以中国民间特色小吃“小笼包”为题材，设计一款旅游纪念品。这一设计任务没有对未来的产品功能、形态等方面做出规定，如果把“寻找亮点故事”作为设计探索的起点，这只是创意的视角或路径之一，而不是唯一的选择。为此，作为设计探索的起点，设计方案应当首先确定一个创意视角，将前文提出的三种创意视角分别作为坐标系中的一个维度，譬如 X 轴为“无中生有”视角，Y 轴为“吐故纳新”视角，Z 轴为“物以致用”视角。我们之所以将这三种视角纳入同一个坐标系中，在于产品设计实践实际上都离不开对于“无”的取舍、对于审美的要求，以及对于有用性的满足。所谓的“视角”只是作为设计探索之“起承转合”几个环节的切入点。

图 3-4 中国台湾“小笼包”文创产品

由于设计任务没有对新产品的功能或特征做出规定，因此这里的“起”只能在“无中生有”坐标轴上寻找起点，也就是决定要选择“形式”“符号”或“意蕴”哪一种元素作为产品设计的主题。不同的选择将形成不同的产品设计方案，而多个节点的选择将形成产品系列方案。譬如选择“形式性融入”方案，就有了以小笼包子的外观造型为基础的产品方案，最终诞生了厨房所用的调料罐产品。这里的形式性融入包含对小笼包子的外形及其纹样的引用。诚然，从确定形式性融入方式到产品的完成需要经过“承接”“转折”“收合”等探索过程，这些环节中都包含了用户思维、连接思维与重构思维。调味罐是日常生活中每天要用的东西，采用什么样的材料以及如何区分调料等看似细节的问题都是实际生活经验的体现，这要求设计师能够沉浸到用户的使用场景中去思考、寻找解决方案。小笼包子作为一种特色小吃，其特点是一吮满口卤，味鲜不油腻，都与调料的成分和比例相关，譬如香油、葱姜水、鸡粉、白胡椒粉、白糖、盐等。因此，这一产品构思是来自于连接思维，调料罐很好地将小笼包子的传统特色与生活日用巧妙地连接了起来。那么接下去的重构思维应该在调味罐的外观上与其他的元素加以连接。图中的调味罐虽然在罐盖和提钮上进行了差异性设计，但设计师还可以通过色彩或纹样的引用进一步美化产品，并提升不同调料的识别度。

在这一设计探索案例中，当确定了形式性融入方式之后，连接思维的运用已经转移到了 Y 轴“吐故纳新”与 Z 轴“物以致用”的选择上。“物以致用”的思考在于连接，而“吐故纳新”的选择在于重构。重构是形成产品差异化的重要路径，也是让产品与现代人的审美意识相契合的思维方式。由于文创产品是一种以人为本的日常用品，而日常用品的当代消费者越来越趋向在朴素或简约中寻求新的价值观和审美，因此重构的目的是要让文化创意产品更加舒适，信息传达更加简单直接，能够以舒适、简单与朴素感动消费者。

第三节　文创产品的审美设计

审美设计是文创产品设计流程中的重要环节，但与绘画、雕塑、诗歌、音乐或戏剧等只提供审美体验的纯艺术不同，产品设计必须兼顾日常生活所需的功能要求，即文化创意产品设计必须满足形式与功能的统一，或称之为艺术性与有用性的统一。然而在这种统一性中，形式与功能并不是对等的关系，譬如无论一件文创产品多么华丽，如果不能满足功能目标则一定是失败的设计，但是，拥有实用功能的作品即使外观并不美观却也可能有用。所以在文创产品的审美设计中，“形式遵循功能”是一条基本原则。

这一原则的本质就是设计的本质，它不同于纯艺术的“表现自我”，而是“为他表现”，也就是“以用户为中心”。然而，这一原则并不意味着设计是一件纯理性的工作。设计与纯艺术一样需要感性，这个感性就是设计师的情感投入。设计师要把思想与情感注入到设计过程中，注入到所设计的产品中，这是让设计达到完美的基础。文创产品必须力求让消费者从产品中获得幸福感，设计师要通过产品传递一种诗性的生活方式，也就是要让“人诗意地栖居在大地上”。这种情感通常是通过造型、色彩或装饰来传达，不管人们会不会像欣赏艺术品那样去欣赏文创产品，但这些形式语言会潜移默化地培养起人们的审美意识，左右人们的审美判断。这种情形可以称之为“百姓日用而不知”，文创产品的设计由于消费群体的大众性、使用场景的日常生活性，为大众带来“日常生活审美化”，所以相对于博物馆、美术馆陈立的纯艺术作品而言，有着更为直接、深刻和强大的影响力。

以荷兰设计师赫里特·里特费尔德创作的《红蓝椅》（图 3–5）为例，与其说这是一件设计品，不如说是一件艺术品。它被称之为 20 世纪最富创造性的经典作品，是对风格派画家蒙德里安作品《红黄蓝相间》的立体化翻译。风格派是出现在 20 世纪早期的一场独立的新艺术运动，认为形式将被“彻底根除”，因为它们是“纯粹艺术表现的阻碍”，唯一真正重要的是创作出能在色彩、空间、线条和形式的关系间找到统一的作品。里特费尔德作为风格派运动中的一员，遵守的就是这一理念，物质享受已经不在他衡量的重要属性之内。然而，对于消费者来说，虽然这张椅子的色彩诱人，但坐上去显然不太舒服。里特费尔德虽然通过作品表达了自己的艺术理念，但这张椅子却无法进入消费领域，它并不符合消费者的功能需求和情感需求。

图 3–5 红蓝椅 赫里特·里特费尔德

“日常生活审美化”（Everyday aesthetics）是 20 世纪 80 年代提出的一个概念，一方面要让艺术和审美进入日常生活，被日常生活化；另一方面要让日常生活中的一切、特别是大工业批量生产出来的产品以及环境被审美化。然而何为美呢？或者说日常生活中需要的是什么样的美呢？这一问题也会贯穿于文创产品设计探索的各个阶段。

在中国传统文化中，无论是环境设置、建筑，还是日用器物，都遵循着一套居于儒家、道家或佛学思想的审美价值；西方艺术史则经历了古典、现代和后现代的审美观念变迁。历史上，每一个社会对视觉美感都有独特的标准，不同国家的人在衣食住行上都有自己欣赏的风格。虽然理论上每一位设计师、评论家或生产者都可以对产品设计评头论足，但终极评判者既不是设计师也不是评论家，而是消费者。

那么是否有一些共同的审美价值能够被大多数消费者接受？虽然今天已经进入一个高度数字化、全球化、现代化的历史时期，但一些传统的价值理念就像生活方式的连续性一样依然根植于人们的意识深处，而风起云涌于20世纪西方社会的各种艺术创作思想在经历了大浪淘沙之后也逐渐洗尽铅华。这些浸润于我们意识深处的、经历过历史沉淀的东西，就是应该被贯穿到文创产品设计探索全过程的东西，好的文创产品要将这些审美理念植入到产品的使用功能与使用场景中，传达给使用对象，提升产品的附加值。

1. 文质彬彬与工巧适度

虽然人们经常用“鬼斧神工”一词来称赞一些工艺极为精湛的传统工艺品，但“精湛”并不是中国传统工艺美学所追求的终极目标，传统文化的主流价值观反而将精细繁琐的制作工艺称之为“奇技淫巧”。中国传统美学深受儒家中庸思想的影响，追求的是文质彬彬的“合度”“合宜”，即工艺和装饰的适度。《论语·雍也》云：“质胜文则野，文胜质则史。”孔子所说的“文”是指人的文饰，是外在的，“质”是人的道德品格，是内在的，“文质兼备” 就是“仁”。这一思想被引入传统器物制作工艺中，质指的是材质，文是装饰。过于强调材质而缺少了装饰会流于粗野，但装饰过了头而掩盖了材质本身的特质就会变得呆板，所以只有不偏不倚、中和适度，才能“文质彬彬，然后君子”，这是古代器物制作或传统工艺所追求的审美境界。

不过，在中国传统工艺美学思想中，除了讲究材料与装饰的适度、合宜之外，还强调“巧”和“妙”，是一种居于道家与墨家哲学的境界，所以有“巧法造化”“材美工巧”之说。这种境界也可以理解为古希腊人所说的“技艺”。所谓“巧法造化”指的是崇尚自然，顺应自然物性，遵循自然规律，因势利导，因材施艺，达到“天工”与“人工”的完美融合，即《考工记》所言“天有时，地有气，材有美，工有巧。合此四者，然后可以为良”。这里所蕴含的是“道法自然”的思想，天时、地气、材美三者是工巧的前提，器物（产品）设计要因时、因地、因人而异，循法守则，张弛有度，处理得当即为巧，处理不当就成拙。《墨子》云：“利于人谓之巧，不利于人谓之拙。”因此，所谓工巧适度，关键在于两个方面，一是合乎自然，二是利于用户。这里所说的“妙”相当于东晋画家顾恺之提出的“传神”思想：“迁想妙得，以形写神。”在顾恺之看来，传神的关键在于“点睛”，是通过细节的处理而获得以形传神的境界，从而让器物在“中庸”中超越平凡，在“适度”中彰显特色，熙攘文创设计的《伯虎壶》（图3-6），运用“才子帽”造型所做的壶盖提钮，堪称“迁想妙得”的经典之作。

2. 典雅精致与善意温馨

中庸合度、文质彬彬并不是反对装饰，而是追求内在与外在的和谐适度，所以传统工艺品都有含蓄优雅的特质，强调意蕴，注重神韵，在视觉上形成一种耐人寻味、余韵

图 3-6 伯虎壶　熙攘文创

悠长的典雅和精致，反映的是内敛、含蓄、隐忍、不张扬、不夸张的性格。西方古典美学中也有类似思想，柏拉图非常确定地将奢华当作是一种病态，认为对奢华的炫耀是对社会非常危险的举动。所以我们看到，在古典建筑设计中，装饰主要是在结构的节点上，是为功能服务的，而粗壮的柱子却十分简洁，呈现出一种“高贵的单纯、静穆的伟大”。这是一种简朴、典雅之美，讲究的是比例协调、均衡对称与视觉和谐。

文艺复兴之后的欧洲社会先后产生了巴洛克、洛可可风格，装饰风格变得越来越繁复、细腻，而在功能主义设计美学思想兴起后，装饰却几乎从工业化的产品中完全消失了。现代主义设计潮流以“经济”“简洁”“实用”为名，提倡“少即多”，带来了形式、色彩的单一，高度理性化的产品忽视了消费者的情感需求。一直到后现代主义兴起之后，尤其在波普文化流行之际，装饰才重新开始活跃。后现代主义并不是一个时间先后上的概念，而是一种反对现代主义的思潮，其基本理念是“反对一切的规范性、同一性和秩序性，反对中心，反对权威……”因此，后现代主义强调要满足诸如情感、趣味、美感、个性等方面的需求。

波普主义的特征是年轻化、灵活性、短暂性、趣味性，讲究造型的不同寻常、色彩的鲜艳亮丽。进入 20 世纪的中后期，人们因物质生活水平普遍提高而开始厌倦那种缺少装饰、单调乏味的日用品。越来越多的人意识到，装饰是一个民族的文化和审美观念的缩影，一个民族的艺术和日用品风格及美学价值往往通过装饰的形式或装饰的图案体现出来。如果把所有日用品的装饰都去掉，只留下表达功能的基本造型，那么人类文明的痕迹和一个民族的审美意趣就在日常生活中消失了。正是从这一时期开始，出现了“日常生活审美化”或“审美日常生活化”的概念，不仅设计从此成为服务于人们日常生活的手段，审美也不再从形式出发，而是把美与审美主体的心理需求结合起来，开始强调审美主体（即产品的使用者）对审美对象（即产品）所起的决定性作用。于是，“体验设计”“情感设计”等理念便出现了，“形式表现功能”“形式追随情感”“形式追随时尚”等观念也产生了。与此同时，另一种设计理念一直影响至今，认为设计的一个更重要的特征是“形式追随娱乐”。

这些需求，不论称之为体验需求或情感需求，本质上都是要求提供更加人性化的设计服务。美国建筑美学家詹克斯说过：“时尚是一个多变的暴君。”为了应对多变，设计师必然要追随个性。不过，追随时尚其实是追随经典，就是通过典雅与精致的产品带来情感的愉悦。对人性的关怀当然要通过产品传递真善美，传达温馨、温暖，让消费者在这样的日用生活品中获得满足感，从而产生舒适、愉悦和幸福的情绪。这是一种设计的善意，这样设计出来的产品是典雅的，有温度的，从而是可以成为时尚的。彼尔·鲍林的《舌头椅》（图 3–7）就是这种设计的代表。

图 3–7　舌头椅　彼尔·鲍林

3. 万物一体与归本生发

数字时代是一个文化与价值观多元化的时代，消费者对于文创产品的审美需求也是多元的。各式各样的设计元素如形状、色彩、质地、材料、图案、装饰等，通过不同的组织方式和信息传递方式，呈现出不同的产品面貌。然而多元意味着变化，创新意味着产品一定会被更新的事物所超越。在经历了现代工业的快速发展与对自然环境的严重破坏之后，人们终于意识到人文与自然生态环境对于人类生活的重要意义了，于是在 20 世纪末出现了“生态设计”概念。生态设计以节约原材料、产品材料可回收、使用过程中不产生污染环境的废气、不会造成对水资源和自然生态的破坏等为目标，提倡在设计中尽量延长产品的使用寿命，消除一次性产品，提倡产品材料的重复使用等。

现在，这种理念已经成为产品设计优劣的评价标准之一，被称之为绿色环保的生态之美。虽然绿色设计理念是在 20 世纪末由西方人提出，但生态意识在中国传统文化中早已存在，不论在绘画、文学、建筑还是器物制作中，都有生态意识的体现。孟子云：“亲亲而仁民，仁民而爱物。”张载说：“民吾同胞，物吾与也。”程颐说：“人与天地一物也”，又说“仁者以天地万物为一体”，“仁者浑然与万物同体”。王阳明说：“盖天地万物与人原始一体，其发窍之最精灵处，是人心一点灵明。风雨露雷，日月星辰，禽兽草木，山川土石，与人原是一体。故五谷禽兽之类，皆可以养人；药石之类，皆可以疗疾。只为同此一气，故能相通耳。”所以，大自然是一个生命世界，天地万物都是活泼泼的生命、生意。这种生命、生意是最值得观赏的，人们在这种观赏中，体验到人与万物一体的境界，从而得到了极大的精神愉悦。换言之，生态美就是体现“人与万物一体”的意象世界。

万物一体的生态美学思想在高度技术化的当代社会弥足珍贵，是对越来越膨胀的人类自身欲望的一种超越。当代社会最大的问题在于人类为了征服世界利用现代技术对提供我们居住环境的大自然造成了巨大戕害，最终影响到了人类自身的生存。西方社会的许多思想家、艺术家或科学家早在 20 世纪上半叶就已意识到这一问题的严重性。德国哲学家海德格尔提出要通过“艺术”来解决“技术”带来的危险，认为生命就是“自然”，就是“归本生发”，就是“存在者整体意义上的存在”，要通过“归本生发”（ereignis）来找到一条“归本”“居有”“成其自身”的道路，构建一个“天地神人”和谐共存的世界。这依然是人性，也就是人类应该拥有的“善”。

“善”一定是美的。由于文创产品是服务于日常生活世界的，是创造新的生活方式的，所以在设计探索中，理应将生态意识作为产品审美的一个重要维度，从而形成温暖与品质兼具、实用与审美并重的产品。

第四节　文创产品的材料选择

材料总是和一定的使用场合相联系，可由一种或若干种物质构成。同一种物质由于制备方法或加工方法不同，可以成为用途迥异的不同类型和性质的材料。理论上所有的传统材料、新型材料都可以成为文创产品的制作材料。不过，由于材料的物理或化学特性不同，所以有的适合作为结构材料发挥受力构件的作用，有的只能作为功能材料，利用特殊的物理性能、化学性能或生物功能等产生特别的效果，也有的材料如铁、铜、铝等金属既可以作为结构材料，也可以作为功能材料。

1. 传统材料的应用

（1）匏瓜

匏瓜即匏，俗称葫芦，中国古代“八音”之一，指笙、簧一类乐器，以晒干后的匏作为笙、簧的垫子发出共鸣。明代盛行被称为“匏器”的工艺品，并且在清代因其朴雅而受到了皇家的重视。匏器实物有杯、盘、碗、壶、盒、瓶、笔筒、鼻烟壶、蝈蝈笼和乐器等各类器具，不仅采用了勒扎、火画、压花、刀刻等制作工艺，而且造型奇特、纹饰优美，既可供实用（如装药、盛烟、饲虫等），又可供陈设。葫芦的特殊质地和色泽洋溢着一股清新自然之气，给人以古朴、凝重的审美感觉。老熟的葫芦色黄如金，时间愈久，其色愈重。若经历长年的把玩摩挲，包浆最后达到紫润光洁的程度，古色古香，令人赏心悦目。

作为匏瓜的俗称，葫芦者，福禄也。由于拥有旺盛的生命力，能蔓延，多果实，葫芦因此在民间成了增寿、降瑞、除邪、保福、佑子孙的吉祥物，受到人们的喜爱和珍藏。同时，由于葫芦的表皮质地细致，木质化的果皮易于刻画着色，引得文人墨客捕捉诗画意趣，挥洒丹青墨毫，顺其“质朴之性而畅其雅致之姿”，赋予其灵秀动人之貌，发展出独具韵味的葫芦绘画艺术。今天，以葫芦为材料的文创产品种类繁多，如葫芦做的鱼缸、花盆、茶叶罐、香筒、花插、手串、灯具、挂件乃至蓝牙音响等（图 3-8），还有数十种乐器类产品，都已融入现代人的日常生活；结合微雕、彩绘、大漆、墨刻等传统工艺，产生了如堆彩葫芦、大漆葫芦、烙画葫芦、工笔画葫芦等工艺品。葫芦外壁是双气孔结构，有利于保存茶叶的新鲜味，用葫芦制作茶具和茶叶罐可谓材尽其用。

（2）粘土

粘土是陶瓷的主要原料，制作陶器的粘土也称陶土。古代用陶土制作的乐器有埙、缶等。据传，缶在中国历史上的夏、商时代就已出现，是最早的打击乐器。埙的产生年代更加久远，在新石器时代的红山文化遗址中就有发现，是我国古代特有的一种开口吹奏乐器，有梨形、鱼形、球形、笔管形等多种形状，常与竹子做成的吹管乐器篪配合演奏，音色朴拙抱素独为天籁。

陶土是一种硬质或半硬质粘土，除含有粘土一般成分硅铝酸盐矿物质之外，还含有较多的铁质或微量的其他金属元素，往往带有黄褐、灰白、红紫等色调，颗粒大小不一，可塑性中等，干燥和烧结性能较好，一般用于烧制外墙墙砖、地砖和日用陶器。陶制器具比瓷质器具有着更强的抗冻融特性，更好的吸音作用，良好的透气性、透水性，

图 3–8　葫芦文创产品

耐风化和耐腐蚀性。宜兴紫砂陶土（俗称紫砂泥）属于陶土中的一个特殊品类，一般陶土的含铁量在 3% 左右，瓷土的含铁量更低，而紫砂陶土的含铁量为 6–9%，有的高达 11%–12%，由于含铁量高，因此烧成温度较低，约为摄氏一千二百度，烧成收缩小，表面颗粒细腻有滑感，烧成后的紫砂壶（图 3–9）吸水率大于 2%，以气孔率而言，介乎于瓷器和陶器之间。

图 3–9　宜兴紫砂壶

瓷土又名“高岭土”，这一名称源自于景德镇附近的高岭村，后来成为国际通用的学术名词。高岭土的特点是含铅量较少，氧化铝含量较高，没有很多杂质。高岭土的熔点较高，大约1780℃，烧成温度因杂质之故一般在1300℃左右，而陶器的烧成温度为900℃左右。高岭土主要用于日用陶瓷、建筑卫生陶瓷和耐火材料，也作为造纸、建筑、涂料、橡胶、塑料、纺织品等行业的充填料或白色颜料。经过高温焙烧，瓷器的胎质坚固致密，断面基本不吸水，敲击时会发出铿锵的金属声响。瓷土的优劣直接影响到烧成品的质量，一般评价瓷土的优劣主要有白度亮度、粒度分布、可塑性、结合性、粘性、干燥性、烧结性、烧成收缩、耐火性等指标。其中白度又分自然白度和煅烧后白度两种，煅烧后的白度越高则质量越好；可塑性指的是瓷土与水结合形成的泥料在外力作用下能够变形，外力除去后仍能保持这种形变的性质，因此可塑性代表泥料的成型性能，是陶瓷坯体成型工艺的基础。

制作惠山泥人（图3-10）的“惠山黑土”也是粘土的一种，其可塑性指数达到8.2，非常适合捏塑之用。由于质地细腻洁净，搓而不纹，弯而不断，干而不裂，自然干燥后不用烧焙就有很好的强度和硬度，因此惠山泥塑的制作工艺不需要烧制环节。天津泥人所使用的泥土含沙量少，有机物多，与惠山黑土一样具备很强的可塑性。不过，与惠山泥塑工艺有所不同，为了防止制成品的开裂，天津艺人会在筛选好的泥土中加入棉絮之类的纤维物质，以增加泥土的粘合性。

图3-10 惠山泥人

（3）皮革

皮革主要指经鞣制、硝制或用别的方法加工处理而具有防腐作用，并且在天气干燥时比较软和柔顺的动物皮毛。鞣制是通过鞣剂使生皮变成革的物理化学过程，主要是为了增加分子结构的稳定性，改善抗酸、碱、酶等化学品的能力。作为“八音”之一，以革为材料的典型乐器就是各种鼓。在现代生活中，以革为材料的生活用品不胜枚举，如皮鞋、皮带、服装、箱包、手袋、坐垫等产品。

按制造方式，皮革有真皮、再生皮、人造革、合成革等类型。“真皮”是人们对天然皮革的一种习惯叫法，即动物生皮经鞣制加工后制成的各种皮具材料，而牛皮、羊皮和猪皮是主要的三大皮种。

“再生皮”由各种动物的废皮及真皮下脚料经粉碎后，调配化工原料加工制作而成。其表面加工工艺同真皮的修面皮、压花皮一样，特点是皮张边缘较整齐、利用率高、价格便宜；缺点是皮身一般较厚，强度较差，适宜制作平价公文箱、拉杆袋、球杆套等定型工艺产品和平价皮带，其纵切面纤维组织均匀一致，可辨认出流质物混合纤维的凝固效果。“人造革”也叫仿皮或胶料，是在纺织布基或无纺布基上由各种不同配方的PVC和PU等发泡或覆膜加工制作而成，可以满足不同强度、耐磨度、耐寒度和色彩、光泽、花纹图案等要求，具有花色品种繁多、防水性能好、边幅整齐、利用率高和价格相对便宜等特点。如今极似真皮特性的人造革已有生产面市，它的表面工艺与基料的纤维组织几乎达到了真皮的效果。“合成革”是模拟天然革的组成和结构并可作为其代用材料的塑料制品，特点是光泽漂亮，不易发霉和虫蛀，比普通人造革更接近天然革，在防水、耐酸碱、抑制微生物方面优于天然皮革。

以皮革融入中国传统工艺作为文创产品的制作材料，在时下追求时尚、品质和个性的年代里有着广阔的市场需求空间。以皮雕为例，皮雕是以皮革为雕刻材料分类的一种雕刻工艺，一般选用质地细密坚韧、不易变形的天然皮革进行创作，也可用人造革替代，可以在皮革上制作繁复、精美、华丽的图案纹样，产生一种浓浓的复古之风，尽显奢华与富贵（图 3–11）。

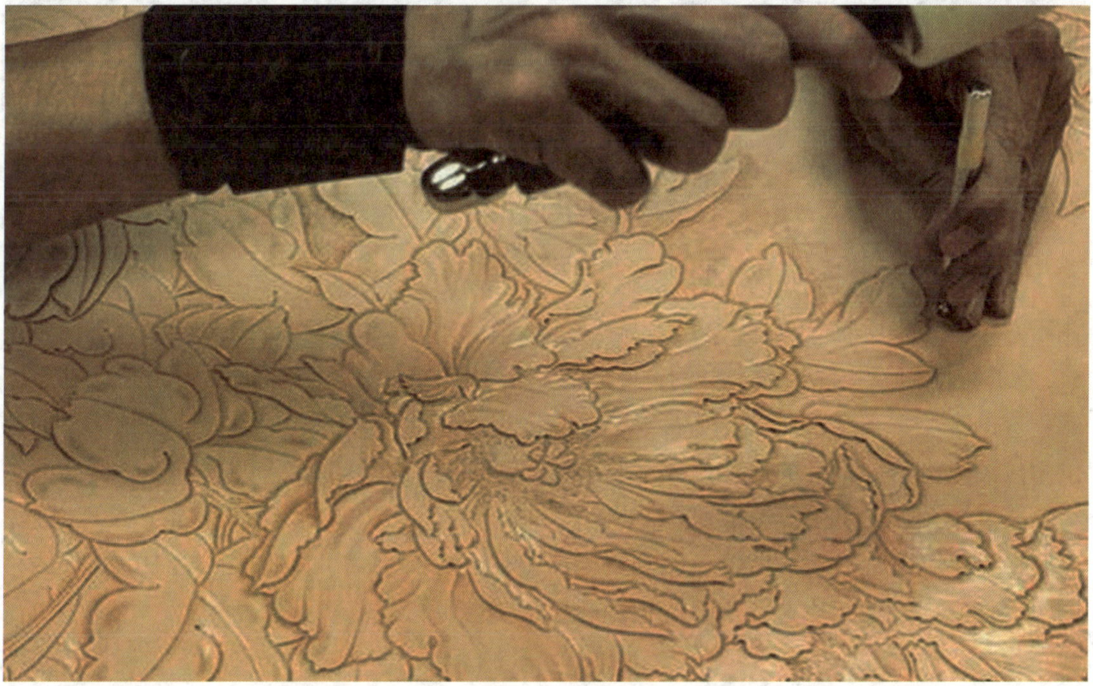

图 3–11 皮雕作品

（4）木料

现代人或许对古代柷、敔等木制乐器很陌生，但从建筑、家居到出行，从筷子到劳动工具，从新娘陪嫁的“子孙桶”，到母亲使用的木梳子（图 3–12），中国传统生活方式是离不开木头的。

图 3–12　传统木梳

“木材是最有人情味的材料”，这是美国建筑大师赖特的名言。中国人喜欢木制品，在于它可以带来质感、淳朴、自然、舒适与温情的感觉，这些感觉当然与木材树种（表 3–3）的特性相关。譬如，木材的视觉特性最具特色之处在于其美丽的年轮和纹理，天然生成的木纹图案互不交叉，平行舒缓，给人以流畅、井然、轻松自如的感觉。不同部位木纹图案有着周期性的变化规律，暗合人体生物钟的涨落节律。明度、饱和度高的木材，能够让人感到明快、华丽、整洁、高雅和舒适；反之让人有深沉、稳重、素雅之感；而暖色调木材的红、黄、橙等色调则给人以温暖之感。木材可以吸收阳光中的紫外线，同时又能反射红外线，这是木材产生温馨感的直接原因之一。

表 3-3　重要树种选列

树种	特征	用途	产地
黄花梨	木色金黄而温润，木质坚实，花纹理细密如行云流水，木性稳定，不变形、不开裂、不弯曲，有韧性。	明清硬木家具主要用材。	缅甸等东南亚国家。
鸡翅木	花纹秀美似鸡翅（V 形）。	高端家具及其饰材；工艺美术品。	中国福建等地，以及缅甸、泰国。
榉木	材质坚硬，有美丽的大花纹，层层如山峦重叠，比多数硬木都重，在窑炉干燥和加工时容易出现裂纹。	民间家具常用材料；工艺美术品。	中国江苏、浙江等地。
沉香	多呈圆柱或不规则棒状，表面黄棕或灰黑，质坚硬而重，沉于水或半沉于水，进口沉香性微温，味苦辛。	多用于制作工艺美术品和香料。	中国华南、福建等地，以及东南亚地区。
黑檀木	边材白带黄褐或青灰至浅红褐色；心材沌黑色或略带绿玉色，有光泽，无特殊气味，纹理黑白相间，结构缅而匀，耐腐、耐久性强、材质硬重细腻。	多用于制作珍贵家具和工艺美术品，观赏价值高。	印度、印尼、泰国、缅甸等国的热带雨林地区。
绿檀木	心材颜色橄榄绿，间或有暗黄带绿的条纹，有酷似檀香的香气，香气浓而不刺鼻，清醇四溢。	多用于制作梳子、佛珠，家具。民间认为有辟邪的功效。	委内瑞拉、智利、墨西哥。
檀香木	黄褐色或深褐色，光泽好，包浆不如紫檀或黄花梨明显，香气醇厚，相比香樟、香楠略显清淡。	佛像雕刻，工艺品，药用，檀香油。	亚洲、北美洲、大洋洲。
酸枝木	加工过程有食用醋味，黑酸枝木色由紫红至紫褐或紫黑，坚硬，抛光效果好。红酸枝木纹理顺直，颜色多为枣红。	清代红木家具的主要原料。	中国、东南亚地区。
香樟木	有似樟脑香味，不规则纵裂纹，表面红棕至暗棕色，质重而硬，味清凉，有辛辣感。	雕刻和家具用材，不易变形，防虫蛀。	中国长江流域以南各省。
黄杨木	肌理坚细，色彩艳丽，有的呈蛋黄色，因其难长故无大料。	制作木梳，刻印，家具镶嵌材料，盆景。	中国多个省区。
楠木	香楠木微紫而带清香，纹理美观，金丝楠木纹有金丝，水楠木质较软，多用其制作家具。	建筑栋梁，几案桌椅，箱柜。	中国和南亚。
椴木	纹理精细均匀，机械加工性好，易用手工工具加工，经砂磨、染色及抛光能获得良好的平滑表面。	乐器，家具，软百叶帘；工艺品。	中国东北。
核桃木	边材浅黄褐带灰，心材红褐带柴，间有深色条纹，久露呈巧克力色，纹理直或斜，结构略细，有光泽，材质略硬，干燥慢，干后不变形，耐磨。	清代制作家具的主要木材，用于工艺美术品。	中国华北、西北和华中地区，俄罗斯西伯利亚地区。

木材的冷暖感觉，正好符合人类活动的需要，给人感觉最温暖，这是木材给人视觉上的和谐；在木地板上行走时软硬适当又富弹性，给人以良好的触觉；声波作用在木材表面时，被反射的主要是柔和的中低频声波，而被吸收的则是刺耳的高频声波，因此吸声、隔音性能良好，隔音效果佳，给人以舒适的安静感；许多木材能散发出令人欢快的芳香气，有的可以杀菌、杀虫（如樟木、檀木），有的可以振奋精神，有的可以平缓心情。此外，各种木材都有一定的吸湿和解湿性能，所以室内在用干燥木材装修后，如果空气湿度过大，木材能从空气中吸收部分水份，反之则释放水份，从而对室内相对湿度产生一定的调节作用。

天然木材的色泽、纹理、密度、强度等特性有很大差异，适用的场合不尽相同。木材在加工成型和制作成构件的过程中会留下大量的碎块、废屑等，经加工处理后可制成各种人造板材。

值得说明的是，我们过去认为木材的大量使用会带来森林资源的减少，但实际上这是一个如何对森林资源进行科学管理的问题。历史发展到今天，人们已经意识到木材是一种可再生、可持续、可循环利用的资源。

（5）石材

八音中的“石”，磬也，是一种打击乐器，形状像曲尺。因为磬的形状是弯曲的，所以“磬”又比喻人弯腰，表示恭敬，后来成为象征身份地位的礼器。据传，制作磬的石材取自古代灵璧，即“灵璧磬石”。磬又谐音“庆”，故经常作为吉祥物或宝物在中国的传统吉祥图案中出现。

天然石材是从天然岩体中开采出来加工成型的材料总称，可分为火成岩、沉积岩、变质岩三类。火成岩岩石是由地幔或地壳的岩石经熔融或部分熔融的物质冷却固结形成的，花岗岩是火成岩的一种；沉积岩是在地表不太深的地方，是其他岩石的风化物和一些火山喷发物经过水流或冰川的搬运、沉积、成岩作用而形成的岩石，砂岩属于这一类；在高温高压下，矿物质由于混合作用而形成的岩石类型便是变质岩，大理石、板岩石英岩、玉石都属于变质岩。

花岗岩结构致密，抗压强度高，吸水率低，表面硬度大，化学稳定性好，耐久性强，因此能进行各种加工。花岗岩的颜色以淡色系为主，色彩相对变化不大，适合用于大面积的装饰。根据晶粒大小，花岗岩可以分为小、中、大三种类型，晶粒细小的加以磨光或雕琢，便可作为装饰板材或艺术品。

相对于花岗岩而言，大理石的物理性质比较软，也是应用最多的石材。大理石原指产于大理的带有黑色花纹的白色石灰岩，因剖面纹理形似天然水墨山水画，常被古人用来制作画屏或镶嵌画。后来，“大理石”被用来指称一切有各种颜色花纹、作为建筑装饰材料的石灰岩。白色大理石一般称为汉白玉，但习惯上不会将西方制作雕像的白色大理石称为汉白玉。由于质感柔和、美观庄重、格调高雅，大理石不仅是装饰豪华建筑的理想材料，被用于制作建筑物的墙面、地面、台、柱、纪念碑塔或雕像等部位，也是艺术雕刻的传统材料，可用于雕刻工艺美术品、文具、灯具、烟具或其他生活日用品，或开片成形作为各种插屏、挂屏、桌面、椅背等。

“石之美者，玉也”。广义上的玉应包括钻石、玛瑙、水晶、琥珀、绿松石、珊瑚、珍珠等宝石，但我们日常所说的玉主要指“软玉”和“硬玉”两种。软玉主要指“和田玉”，硬度一般为 5.6–6.5，呈不透明或半透明状，有白玉、黄玉、青玉、墨玉等一系列品种，尤以白玉为代表。硬玉主要指产于缅甸的翡翠。翡翠的特性与软玉有很多不同之处，譬如软玉颜色比较均匀，无翠性且呈油脂光泽，软玉的比重、折射率都略低于翡翠。被称为中国“四大名玉”的新疆的“和田玉”、辽宁的“岫岩玉”、河南的“独山玉”与陕西的“蓝田玉”都属于软玉。

（6）金属

古代称铜为金，古代的钲、钟、镈等打击乐器的制作材料一般为青铜。1978 年出土的楚国曾侯乙墓编钟由 65 个大小不同的青铜钟组成，悬挂在曲尺形钟架上，连钟架在内重逾万斤，钟体上刻有 2800 多字的篆体铭文，记载了先秦时期的音乐理论。中国人的青铜器文化起源久远，经历了夏、商、周约一千六百年的发展期，直到战国时期逐步被铁器替代。青铜是在纯铜（紫铜）中加入锡或铅的合金，强度高于纯铜，熔点低于纯铜（纯铜的熔点为 1083℃，25% 的锡冶炼青铜，熔点为 800℃）。因此，青铜具有熔点低、硬度大、可塑性强、耐磨、耐腐蚀、色泽光亮等特点。历史上青铜器的类别有食器、酒器、水器、乐器、兵器、车马器、农器与工具、货币、玺印与符节、度量衡器、铜镜、杂器十二大类，尤以礼器数量最多，制作最精美。

由目前的考古发现成果可知，中国人最初使用铁器的时间距今大约 3500 年。春秋战国时代的铁器类型十分丰富，主要有农具、手工具、兵器及杂器等。由于铁质工具远比铜具锋利，所以铁器的普遍使用代表着一场深刻的技术革命，带来了艺术进步和社会变革。在此之后，中国的冶金业在相当长时期内一直走在世界前列。纯铁有良好的延展性、导电、导热性能与很强的铁磁性，在纯铁中加入其他元素而制成的合金不仅熔点低，而且硬度大。

作为贵金属的黄金很早就被人类用于装饰或仪式。黄金在现代社会的主要用途体现在三个方面，一是作为国际货币储备；二是在工业与科技上的应用；三是用作珠宝装饰。由于 24k 纯金比较软，所以在珠宝制作时常会被制成合金以改善硬度、延展性、熔点、颜色及其他特性。譬如在 22k、18k、14k 或 10k 的合金中，会含有较高成分的铜、银、钯或其他金属。“玫瑰金”是指含 25% 铜的 18k 金，而 14k 金铜合金与部分青铜合金颜色几乎一样，常被用于制作徽章。紫金是由金和铝制成的合金，通常用在专门的珠宝上。日本工艺品木目金花瓶（图 3–13）充分利用了

图 3–13　木目金花瓶

不同金合金间的颜色对比，形成了装饰性如同木纹年轮的效果。

日常生活中使用最多、最普遍的贵金属是银器。银的理化性质稳定，导热、导电性能很好，质软，富有延展性。汉字“银”属于艮字族。艮的本义是“边界”“极限”，因此银的本义是接近于黄金的金属，银有“女人的金属”之美称，广泛用于制作首饰、装饰品、餐具、礼品、奖章和纪念币。

除了金银铜铁之外，锡也是一种常用于制作生活用品的金属，一种有银白色光泽的低熔点金属元素。锡器的使用在周代已十分普遍，明代永乐年间达到顶峰。青铜是铜与5% 的锡铸成的合金，这种配比不仅降低了熔点，也便于加工，硬度也得到了提升；而传统活字印刷用的铅字字模也是锡的合金。锡器具有平和柔滑的特性，高贵典雅的造型，历久长新的光泽，千百年来深受人们的青睐。锡对人体是无害的，锡制马口铁被广泛用于食品包装；锡制茶叶罐（图 3–14）密封性好，可长期保持茶叶的色泽和芳香；锡制啤酒杯因传热迅速，使冰镇啤酒口感倍增，因此锡器享有“盛水水清甜，盛酒酒香醇，储茶味不变，插花花长久”的美誉；锡还具有良好的延展性和加工性能，用锡制作的器皿和饰品能够逼真地体现每一个细节的创意，栩栩如生，高雅动人。

图 3–14　锡制茶叶罐

（7）丝线

八音之“丝”指的是以琴、瑟为代表的弦乐器，因其以丝线为弦，故称之为“丝”。琴与瑟均由梧桐木制成，琴初为五弦，后改为七弦，瑟则二十五弦，个头较大。在古代，琴通常用于在贵宾面前弹拨，相当于正式的音乐会；瑟用于背景音乐的弹奏，客人在音乐声中一边闲谈，一边吃喝，相当于社交场合。“琴瑟”二字均从“玨”，意为“二玉相并之形”，二玉相碰之声必然是悦耳的声音，因此在中国传统文化中，琴、瑟合称常喻以和谐之意，表达夫妻感情和睦、朋友情谊深厚。

用来制作琴瑟之弦的丝线是用蚕丝搓纺而成。蚕丝是在缫丝时把几个蚕茧的茧丝抽出，借丝胶粘合成的丝条。早在黄帝时代，古代中国人就会利用蚕丝制做丝线、编织丝带和简单的丝织品，商周时期已用蚕丝织制罗、绫、纨、纱、绉、绮、锦、绣等丝织品。由于蚕丝质轻而细长，导热差，吸湿透气，所以手感滑爽丰满，织物光泽好，穿着舒适。又因蚕丝制成的丝线与纸张颜色相近，亮丽光泽，质地柔软，强度好，牢固耐久，所以也可作为书籍的订缝材料，迄今一些高档线装书籍或画册依然采用这种订缝方式。

“帛”字的本义即为顶级蚕丝所织白色布条。单根生丝织物称作“缯”，双根生丝织物称作“缣”，“绢”则是由更粗的生丝织成的帛。无疑，春秋战国时期只有贵族才有可能采用丝帛作书写绘画之用，汉代虽发明了纸张，但依然“贵缣帛，贱纸张”，宫廷贵族还是习惯于用缣帛，用纸张的大多是买不起缣帛之人。

现代人常以“绫罗绸缎”一词来泛指精美的丝织品，但绫、罗、绸、缎等所指的并非织物材料，而是指丝织品的织造工艺。譬如，绫指的是在斜纹地上起斜纹花的丝织物，用于书画装裱、礼品盒、衬衫、睡衣等；罗是通过绞纱与平纹交替，经丝互相绞缠后呈椒孔形，织物紧密结实，又有孔眼透气，通常作为夏季服饰、刺绣坯料或装饰品；绸在古代专指利用粗丝乱丝纺纱织成的平纹丝织品，较轻薄的可做衬衣、裙子，较厚重的可做外套、裤子；缎是有缎纹组织的质地厚密而有光泽的丝织物，工艺最为复杂，花型繁多、绚丽多彩、纹路精细、雍容华贵，可用于制作旗袍、被面、棉袄等。

在中国传统工艺中，缂丝被誉为传统丝绸艺术品中的精华，是一种挑经显纬、极具欣赏装饰性的丝织品。自宋元以来，缂丝一直是皇家御用织物之一，常用以织造帝后服饰、御真（御容像）和摹缂名人书画，有“一寸缂丝一寸金”和“织中之圣”的盛名。

刺绣在传统中国社会几乎是每一位妇女必学的技艺，至19世纪中叶，形成了苏绣、湘绣、粤绣、蜀绣四大名绣之称。苏绣（图3-15）以针脚细密、色彩淡雅、绣品精细而著名，具有平、光、齐、匀、和、细、密等特点，题材以小动物为主，苏绣中的双面绣更是刺绣中的精品。湘绣以写实居多，色彩明快，以中国画为底，衬上相应的云雾山水、亭台楼阁、飞禽走兽，风格豪放，人称湘绣“绣花能生香，绣鸟能闻声，绣虎能奔跑，绣人能传神”，题材以虎、狮著称。蜀绣构图简练，大都采用方格、花条等传统的民族图案，富有装饰性，色彩丰富鲜艳，针法严谨，虚实适宜，立体感强，平整光滑，主要题材有花蝶、鲤鱼、熊猫等。粤绣采用金银线盘金刺绣，绣线平整光亮，构图布局紧密，富有立体感。荔枝和孔雀是粤绣的传统题材。

图 3-15　苏绣作品

（8）竹器

与指代弦乐器的“丝”相对应，“竹”音所指主要为管乐器，如管、龠、箫、笛、笙、竽、筑、笳等，以竹子作为制作材料。竹原产于中国，竹器（图 3-16）很早就成为古代中国人的重要生活用品。在没有纸张的年代，人们就以竹片作为书写文字的载体，又以竹管制成毛笔作为书写绘画的工具，还以竹签为筹码作为计算的工具。

图 3-16　竹器

竹子属多年生禾本科竹亚科植物，茎为木质，种类很多，生长迅速，有的低矮似草，有的高如大树，有些种类的竹笋可以食用。竹子的优秀特点生发了许多文化寓意。譬如，竹子虽不粗壮但却正直，坚韧挺拔，彰显气节；竹子不惧严寒酷暑，万古长青，因此成为君子的化身。古代文人总结了竹子的“七德”：身形挺直宁折不弯，是曰正直；虽有竹节却不止步，是曰奋进；外直中空，襟怀若谷，是曰虚怀；有花不开，素面朝天，是曰质朴；超然独立，顶天立地，是曰卓尔；虽曰卓尔，却不似松，是曰善群；载文传世，任劳任怨，是曰担当。

因此，竹子不仅是传统中国人的生活必须品，而且在竹子的特性中蕴含了中国文化、艺术和思想的核心密码。那么，以竹子为原材料的文创产品不但拥有文化传承的意义，而且符合当代人回归自然、追求健康的生活观念。这里列举部分可以在现代生活中继续使用的竹制用品：竹篮、竹筛、竹笊篱、筲箕、竹蒸笼、炊帚、竹畚箕、竹畚斗、竹耙、箩筐、竹筷、竹扫帚、竹笠、竹匾、竹簟、竹席、竹床、竹凳、竹椅、竹躺椅、砧板、茶杯垫、窗帘等。

2. 现代材料的发展

相较于传统材料，现代材料主要指由人工后期合成的新型材质，成本相对低廉，可部分或完全代替传统材料，可实现规模化生产，譬如玻璃、橡胶、塑料以及化纤类纺织品等。

（1）玻璃

玻璃是现代生活世界中的常见材料，但在历史上曾经是最昂贵的材料之一，并且在很长的岁月里属于与黄金、宝石比肩的奢侈品，只有少数上层显贵才能享用。与自然界存在的各种矿石、玉石或宝石不同，玻璃虽然呈现的是晶莹透亮且非常坚硬的状态，但玻璃不是晶体，而是一种非晶态物质。晶体都有固定的熔点，比如金属纯铜的熔点为1083℃，一旦达到熔点，晶体的分子结构就会发生变化，就会从固态转变成液态。玻璃没有固定的熔点，只有使其形态发生变化的温度范围，随着温度的上升，固态状的玻璃会变得越来越黏稠，直至成为一种液态。在转化过程中，玻璃的分子结构不会改变。

虽然通常认为玻璃生产技术来自于西方，但我国的考古学者在春秋战国时期的古墓中也发现了玻璃制品。1965 年，越王勾践剑在湖北江陵楚墓出土，剑长 55.7 厘米，宽 4.6 厘米，剑格的两面分别镶嵌的是玻璃和绿松石，其中仅存的两块玻璃（图 3–17），一块呈球冠形，另一块形状不规则，直径都不足一厘米。剑身上有八字鸟篆错金铭文：“越王鸠浅（勾践）自乍（作）用鐱（剑）。”由于越王勾践在位之年为公元前 497 年至前 465 年，所以中国的玻璃制造工艺的出现至迟不晚于春秋末年，剑身上的这两块玻璃也是中国现存最古老的玻璃。玻璃在制造过程中加入各种溶剂，可以呈现不同的色彩；加入各种助剂可以改善玻璃的强度等性能。熔融状态的玻璃可弯、可吹塑成型、可铸造成型，易被塑造成不同形状和状态的玻璃制品。玻璃成品可锯、可磨、可雕。玻璃表面可进行喷砂、化学腐蚀等处理，产生透明或不透明的对比。

图 3–17　越王勾践剑上的玻璃

（2）塑料

塑料是 19 世纪的产物，被大量用于产品设计已经是 20 世纪，曾经被法国人称之为“魔力材料”。塑料以天然的或合成的高分子化合物如合成树脂、天然树脂等作为主要原料，具有绝缘、重量轻、强度大、耐冲击、防潮、防腐蚀、容易着色、价格低廉等特点。塑料制品在过去几十年中替代了许多传统材质的生活用品，譬如纽扣、梳子、牙刷、牙缸、脸盆、水杯、衣架、餐具（图 3–18）、拖鞋、文具等，几乎无处不在。

图 3–18　塑料餐具

塑料的种类很多，根据用途可分为通用塑料、工程塑料和特种塑料三种，还有一种代号为 PT 的“玻璃纸”，又称赛璐粉，因其柔软透明也称透明纸，但其并不属于塑料薄膜，只是性能非常相似。玻璃纸在包装领域被广泛应用，可作为食品、药品、化妆品等产品包装。

由于塑料具有可塑性、韧性、透明性以及其他方面的优良特性，塑料薄膜常被用来与不同特性的基膜一起合成为复合包装材料，简称复合材料，从而克服各自薄膜的缺点，集中各自的优点，适应各种商品包装的需求。这些复合材料有纸塑复合型、塑塑复合型、纸铝塑复合型等种类。

塑料虽然为设计师提供了外观、造型或结构设计的无限可能性，却存在一些显而易见的缺点，譬如受热受晒会老化变色，受冲击或重压会碎裂，容易变形且易燃等等。更重要的是，塑料是由石油炼制的有机合成高分子材料，而石油资源是有限的；塑料无法自然降解，大量的塑料垃圾已经给食品安全、海洋生物、地球环境带来了巨大威胁。

（3）纺织纤维

在纺织品中，棉、麻、毛、丝等属于天然纤维材料。棉花是宋元年间才从印度或阿拉伯地区传种于中国的，在此之前汉字中只有“绵”而没有“棉”。棉织物坚牢耐磨，吸湿和脱湿快速，穿着舒服，经过拉绒整理在织物表面起绒可以起到保暖作用。经过其他整理工序，棉织物还具有防污、防水、防霉等特性，能提高织物抗皱性能，只需少烫甚至不需要熨烫。棉花是制作靠垫、抱枕、简易包袋（图 3–19）等软材制产品的理想材料。

图 3–19　环保棉布袋

与天然纤维相对的是化学纤维，是以高分子化合物为原料，经过化学加工、纺丝与后处理工序制得的具有纺织性能的纤维，如锦纶、涤纶、腈纶、氯纶、维纶、氨纶等。化学纤维可以跟天然纤维混纺，获得更好的织物性能。具体而言，纯棉织物的优点是柔和贴身，吸湿性、透气性佳，缺点则是易缩、易皱，外观不够挺括美观；麻织物的优点是强度高、吸湿、导热、透气性佳，缺点则是穿著不甚舒适，外观粗糙、生硬；蚕丝织物的优点是轻薄、合身、柔软、滑爽、透气、色彩绚丽，富有光泽，高贵典雅，穿著舒适，缺点是易生褶皱，容易吸身、不够结实、褪色较快；毛料织物的优点是防皱耐磨，手感柔软，高雅挺括，富有弹性，保暖性强，缺点是洗涤困难；化学纤维织物的优点是色彩鲜艳、质地柔软、悬垂挺括、滑爽舒适，缺点是耐磨性、耐热性、吸湿性、透气性较差，遇热容易变形，容易产生静电。具体而言，腈纶织物质感好，强度高，不吸湿，不发霉，不蛀虫，但耐磨性欠佳，容易产生静电；尼龙织物牢固柔韧，弹性与耐脏性强，缺点是耐光、耐热性差，容易老化变硬；涤纶织物不易褶皱；丙纶织物重量轻，具有较高的保暖性、弹性、防腐蚀性、蓬松性等，但质感较差。

（4）特种材料

随着科学技术的不断进步，具备优异性能和特殊功能的各种新型材料不断涌现，也影响到装饰、服装、艺术和文创产品的创作。如在包装用材料方面，出现了秸秆容器、真菌薄膜、玉米塑料、防辐射膜、活性包装等。再如，有一种光敏变色玻璃，当阳光强烈时会自动降低透明度，使房间里光线柔和；当室内光线太暗时，又会变得更透明，使屋子明亮起来。美国加州大学的研究人员在两层玻璃中涂上一层只有头发丝的 1/100 厚的镉涂层敏感材料，只要按一下电钮，窗玻璃就会改变颜色，从而达到调整室内光照和温度的效果。英国英克化学公司推出了一种新款时装，能在 28℃ ~33℃的温度范围内随温度的改变变幻出丰富的色彩。模特儿穿在身上时，由于身体各部位体温的变化会使服装显现出如同彩虹般的迷人色彩。

诚然，就文创产品设计而言，设计人员并不需要对各种材料的物理和化学特性有全面的掌握。但是，一旦我们了解并掌握了一定的材料性质，并在实践和观察中发现了特殊之处，产品的设计就不再是一种机械化的技术，材料的运用与自然、人的关系就会被自然地摆在优先考虑的位置。这样的设计，不仅仅是色彩的搭配、形态的变化或符号的象征，还真正把设计师的情感、价值观特别是用户的需求放在了首位。

然而，数字时代的生活方式已经离不开电子消费品，离不开网络，离不开移动社交媒体。文创产品设计必然要适应这一时代的步伐，适应数字化生活方式的新需求。从这一意义层面看来，电、光、磁和数字等也是日用生活小商品的原材料。譬如灯具的设计，要考虑的不仅仅是造型与结构材料，同时要考虑光源、照度、色温、角度等参数的设计，至少要考虑灯具在开灯与关灯两个状态下的视觉效果。这其实是在以光作为材料的设计。再以“智能小音箱”为例，智能小音箱类小家电的智能究竟要达到什么程度，才能契合日常生活方式？这其实不是造型设计的问题，而是一种更高级的人机交互设计，我们不妨称之为对数字材料的设计。实际上，材料研究领域正在尝试借用高分子技术、生物技术、纳米技术、电子技术、智能技术等专业的新的科技成果，期望在传统材料之上增添特殊功能，而各种可穿戴设备也在不断涌现，不仅具备感知温度、湿度、声音、色彩、气味等物理量的能力，而且具备通讯和计算的能力。因此，对于新技术、新材料的跟踪和把握，直接参与到这一创新领域之中，是每一个服务于生活世界的设计师都要重视的。

不过，对新技术、新材料的关注不等于抛弃传统的材料或工艺，对于传统材料或工艺的改良往往是产生灵感和创新发明的重要路径。如果我们把电子与数字看作特殊的材料，那么“水”与“火”一直以来就是中国传统工艺中的重要材料。比如“烟火”，中国古人利用火药制作“烟花爆竹”，这无疑是一种被人们普遍喜欢的“文创产品”。“水”是更重要的材料，小到室内盆景，大到“曲水流觞”，都是围绕水形成的文化创意。

从上面的描述可以看到，材料的文化意涵或象征意义与材料的物理化学特性直接相关。那么，由于不同的地域文化有差异，所以文创产品可以通过材料的选用来彰显鲜明的地方特色。譬如，只要看到紫砂产品一定会联想到宜兴，看到真丝绣品就会联想到苏杭，看到青铜器具就会联想到河南。换言之，材料本身就是一种文化符号。因此在产品创意过程中，产品材料的选择并不只是一种结构或造型设计上的需要，更是一个文化类型的选择。但是，这种选择并不是要拘泥于传统，而是要对传统有深刻的领会和理解，把握传统中的精髓，能够在其中融入新技术、新结构、新材料等，且不失传统韵味，还能够在其中融入现代元素，而不致成为一个没有内涵的普通日用品。

3. 文创产品的重要材料——纸张

纸张是古代中国人的发明，是对人类文化传播和世界文明进步的杰出贡献。经考证，早在西汉初年，中国已经使用麻质植物纤维纸。

如果从汉字字形角度来看，“纸”从“丝”旁，意味着最早的纸张与养蚕缫丝业相关，而后来造纸的一些工艺环节与处理次等蚕茧的方式是一样的，因此纸张或许是从蚕丝工艺衍生而来。按照现代工艺，纸是将悬浮液中经适当处理（如打浆）过的植物纤维、矿物纤维、动物纤维、化学纤维或它们的混合物沉积到适当的成型设备上，经干燥制成的平整均匀的薄片。在实际加工过程中，还会加入适量填料（如滑石粉、高岭土、钛白粉、碳酸钙等）、胶料（目的是提高纸张的抗水性）、色料和助剂等以改变纸张的特性。

从出土的一些纸张质量来看，西汉初年的造纸技术已基本成熟，而蔡伦的时代是纸取代帛进而成为我国主要书写材料的分水岭。东汉后期至魏晋，造纸原料除原有的麻、楮外，扩展到了桑皮、藤皮，并出现了色纸、涂布纸、填料纸等品种；隋唐五代出现了檀皮纸、瑞香皮纸、稻麦秆纸和竹纸，此时诞生了雕板印刷，印书业兴起，进一步促进了造纸业的发展，提高了纸的产量和质量，不仅各种纸制品进入民间日常生活，而且出现了名贵的“硬黄”（唐代）与“澄心堂纸”（五代），以及水纹纸和各种艺术加工纸。宋元明清时期，楮纸、桑皮纸等皮纸和竹纸特别盛行，各种加工纸品种繁多，纸的用途更加广泛，除书画、印刷和日用外，还出现了纸币。明清已经出现室内装饰用壁纸、纸花、剪纸等纸艺产品，以及各种彩色的蜡笺、冷金、泥金、罗纹、泥金银加绘、砑花纸等纸张品种。20 世纪后期，许多人预言人类将进入无纸化时代，但实际情况是用纸需求更加上扬，出现了无以计数的各类特种纸，纸张用途渗透到了日常生活的每个角落。

纸张有多种分类方式。按照包装形式，纸张可以分为卷筒纸和平板纸；按照纸张表面是否涂布，可分为涂布纸和非涂布纸；按照定量的大小，一般将 200 克 / 平方米以下，厚度在 500 微米以下的纸质品，称之为纸，在此以上的称之为纸板；在日常生活中，我们还会遇到一些特殊类型的常用纸，如书写纸、糖果包装纸、茶叶袋滤纸、入口食品包装纸、鸡皮纸、羊皮纸、牛皮纸等。不同用途对纸张的规格和性能提出了不同的要求。由于印刷技术的突飞猛进和多元媒体的互相竞争，许多高级印刷花纸如蒙肯纸、压纹纸等以及特殊纸质材料（图 3–20）等品种已经成为图书出版业的新选择。这些适用于特殊印刷和制作包装的特种纸品，名目繁多，快步挤进书刊出版业，打破了原来“印刷用纸”的一统局面和标准开本的传统做法。特种（艺术）纸异军突起，使书刊面貌焕然一新，吸引了更多的读者和收藏家。薄型的特种纸张一般适用平版印刷，而较厚的纸张一般适用丝网印刷、烫印等工艺。下面对一些常见的纸张进行介绍。

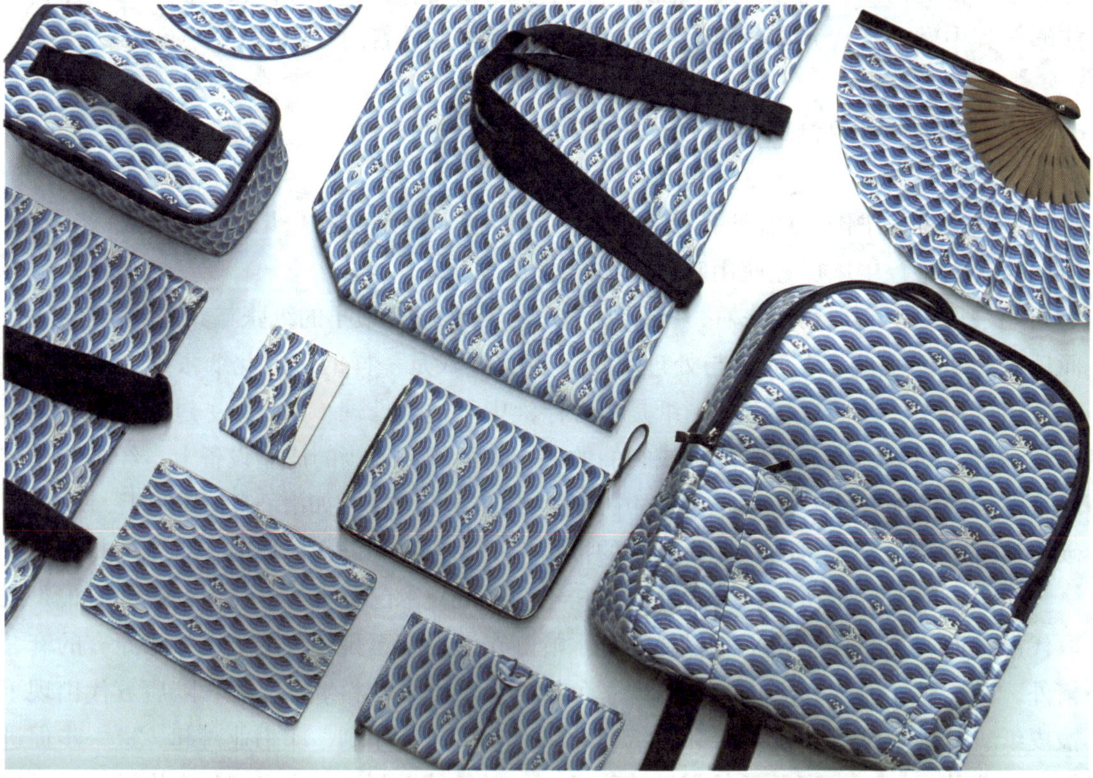

图 3–20　“纸美东方”高级礼纸

（1）新闻纸

新闻纸也叫白报纸，特点是吸收性高，纸质松轻，压缩性好。由于油墨能较好地固着在纸面上，且有一定的机械强度，适合高速轮转机印刷。纸张经过压光后两面平滑，不起毛，从而使纸张两面印迹比较清晰且饱满。新闻纸的缺点是抗水性能差，尺寸不稳定，白度不高，保存时间过长会发黄变脆，表面平滑度低，不宜书写等。常用定量为45 克 / 米 ^{2} ~ 51 克 / 米 ^{2}，一般以卷筒纸形式供应，主要用于报纸以及一些对画质要求不高的期刊、书籍、连环画等。

（2）胶印书刊纸

胶印书刊纸是凸版印刷纸的换代产品，用于供轮转胶印机印刷单色或双色书刊、文献等，其质量优于凸版纸。胶印书刊纸的主要原料是草类纤维，特点是伸缩变形较小，比新闻纸具有更高的抗张强度、表面强度、抗水性和白度。胶印书刊纸一般为卷筒纸，可根据用户需求开切成平板纸供应，其卷筒纸宽度为 787 毫米、850 毫米，平版胶印书刊纸的尺寸为 880 毫米 ×1230 毫米，787 毫米 ×1092 毫米，850 毫米 ×1168 毫米，定量分别为 52 克 / 米 ^{2}、60 克 / 米 ^{2}、70 克 / 米 ^{2}。

（3）胶板印刷纸

胶板印刷纸属于未涂布加工类纸，简称胶版纸，过去曾称之为道林纸（woodfree paper），专供平版（胶版）印刷机或其他印刷机印刷高档彩色印刷品时使用，也可用于凸版印刷或单色调的网版印刷，如单色或多色的高档书刊封面、插页、画报、地图、宣传画、彩色商标和包装等。胶版纸的特点是伸缩性小，表面强度高，油墨吸收性均匀，平滑度好，质地紧密不透明，白度好，抗水性强，挺括平整，具有较高的适印性能。胶版纸有卷筒纸、平板纸两种包装形式，卷筒纸宽度为 787 毫米、850 毫米、1092 毫米，平版纸的幅面尺寸为 787 毫米 ×1092 毫米，850 毫米 ×1168 毫米，定量有 60 克 / 米 ^{2}、70 克 / 米 ^{2}、80 克 / 米 ^{2}、90 克 / 米 ^{2}、100 克 / 米 ^{2}、120 克 / 米 ^{2}、150 克 / 米 ^{2}。

通常所用的胶版纸指的是双胶纸，但还有单面胶板印刷纸，简称单胶纸，是单面印刷的单面光纸。

（4）铜版印刷纸

铜版纸属于涂布加工类纸，所以又称涂布纸或涂料纸，由白色涂料涂布于原纸表面并经过轧光而成。铜版纸的特点是表面平滑，白度高，光泽好，质地密实，伸缩性小，耐水性良好，印刷性好。印刷产品的图案清晰、色彩鲜艳，常用于制作画册、杂志封面、明信片、产品样本、彩色商标、书籍、日历、海报、烟盒、纸盒等。铜版纸的缺点是折叠处在空气干燥环境下容易爆边、开裂，普通铜版纸较软，挺度不够，舒适度明显不足。

铜版纸有单面铜版纸、双面铜版纸、无光泽铜版纸、压纹铜版纸之分，定量一般为70 克 / 米 ^{2}、80 克 / 米 ^{2}、90 克 / 米 ^{2}、100 克 / 米 ^{2}、120 克 / 米 ^{2}、130 克 / 米 ^{2}、150 克 / 米 ^{2}。

（5）哑粉纸

与铜版纸类似，区别是没有铜版纸光亮，印刷质感比铜版纸细腻，手感稍微涩一些。

主要用于彩色画报、画册、宣传单、彩印商标、烟盒、贺卡及一些高级书籍、插图等。克重规格有 50 克 / 米 ^{2}、60 克 / 米 ^{2}、70 克 / 米 ^{2}、80 克 / 米 ^{2}、90 克 / 米 ^{2}、100 克 / 米 ^{2}、120 克 / 米 ^{2}、150 克 / 米 ^{2}、180 克 / 米 ^{2} 等。

（6）铸涂纸

铸涂纸又称高光泽铜版纸或玻璃卡纸，表面鲜明光亮，犹如镜面；平滑度非常高，适用于最细网线的印刷，网点、色调、光泽的再现性很好，图像清晰，立体感强，适印面广，能适应于胶板、凸版、凹版等多种印刷形式。一般用于印刷美术卡片、广告画、贺年卡、请柬、精致工艺包装袋等。

铸涂纸有卷筒纸和平板纸两种包装形式，平版纸尺寸为 787 毫米 ×1092 毫米，850 毫米 ×1168 毫米、880 毫米 ×1230 毫米， 定量为 80 克 / 米 ^{2}、100 克 / 米 ^{2}、120 克 / 米 ^{2}、150 克 / 米 ^{2}、180 克 / 米 ^{2}、220 克 / 米 ^{2}、250 克 / 米 ^{2}、280 克 / 米 ^{2}。

（7）字典纸

字典纸又称圣经纸（bible paper），是供凸版、胶印印刷字典、袖珍手册、工具书、科技书刊等书刊印刷的薄型高级凸版印刷用纸。字典纸采用全木纤维纸浆所制的高级薄型书刊用纸，主要以木浆、棉浆等作为纤维原材料，含有大量二氧化钛填料，提高了纸张的吸墨均匀性并增加了不透明度。这种纸张的优点是质轻而强韧耐折，纸面洁白细致，质地紧密平滑，有一定抗水性能；缺点是对印刷工艺中的压力和墨色有较高的要求，易吸湿，受潮后会出现水波纹皱折。字典纸主要用于印制《圣经》、字典、辞书等类页码较多、使用率较高、便于携带的书籍。定量一般为 25 克 / 米 ^{2}、30 克 / 米 ^{2}、35 克 / 米 ^{2}、40 克 / 米 ^{2}，包装形式主要为卷筒纸，宽度为 787 毫米、880 毫米。

（8）宣纸

品种较多，宣纸吸墨性强，纸张柔软，不仅可用于绘画创作，还可印刷古籍书及复制古字画，也可印制图书、画册。随着印刷技术的提高，宣纸不仅适用于传统印刷工艺，也适用于现代印刷工艺。

（9）轻涂纸

轻涂纸又称轻量涂布纸或低定量涂布纸，具有铜版纸的某些性质，成本相对较低，印刷效果优于胶版纸，但略低于铜版纸，现被广泛用于印刷杂志、商品目录、广告、商标、报刊特辑等。轻涂纸的定量为 62 克 / 米 ^{2}，包装形式主要是卷筒纸，幅面宽度为 1760 毫米、3800 毫米、3520 毫米。

思考与实践

1. 您认为“消费心理与行为分析”在文创产品顶层策划设计中的作用是什么？它对产品的思维、审美、用途等方面的引导意义体现在哪里？

2. 收集一定数量品种的纸张材料，分析其特征、印后效果与产品化后的审美价值。

第四章

博物馆文创产品设计

博物馆是征集、收藏、保护、研究和展览自然和人类文化遗产的场所，存放其中的是历朝历代的艺术文化珍品，譬如石器、玉器、陶器、青铜器、漆器、瓷器、服饰或书画作品等，无不反映着不同时期的艺术成就和生活方式。就这些物品的性质而言，它们有的是艺术作品、祭器或礼器，有的是当时的日用生活器具，其共同特征是“原真性”和“唯一性”，保留了历史上的“世界”和“大地”的痕迹，既是展示人类文明进程、传承历史文化的重要载体，也是现代人窥探曾经的那个世界和曾在的那片大地的依据。由于它们具有“原真性”和“唯一性”，我们不能将它们视作产品，它们既不是博物馆生产的物品，也不能作为商品进入市场。然而，在 20 世纪后期经济衰退的大背景下，有些西方国家大幅削减财务预算，导致博物馆被迫走上市场化的道路，催生了博物馆藏衍生品产业。进入 21 世纪，这一产业渐成规模，为大众文化消费带来了一道亮丽的风景，也让传统博物馆在收藏、研究、展示、教育等服务之外增添了新的功能，拓展了传统博物馆的文化传播范围。

博物馆文创产品的市场一定程度上取决于博物

馆本身的品牌影响力，但对于一般的地方性博物馆来说，文创产品的生命力只能依靠产品自身的魅力。这种魅力一方面来自于对文化内涵的认识、把握和提炼的能力，另一方面来自于产品功能与现实生活的连接，也就是如何将典藏品文化内涵之“无”转化为生活日用之“有”的能力。因此，博物馆文创产品的开发，一般遵循“无中生有”的创意路径。

第一节　博物馆文创产品需求特征

应当指出的是，并不是所有的博物馆衍生品都要将博物馆典藏品文化内涵之“无”转化为生活日用之“有”，譬如有些馆藏文物的复制品仅仅作为某种场合的观赏品，并不具备生活日用功能。严格来讲，这样的产品并不包含创意，可以称之为文化产品，而不能称之为文创产品。因此，与文物复制品的概念不同，博物馆文创产品是指将经过设计的馆藏品的文化元素尤其是纹饰、色彩、形制等审美元素应用到生活日用物品上而形成的文化产品。实际上，许多博物馆文创产品之所以难以获得市场的接受，不是文化或审美价值的缺失，而是因为产品功能与现实生活的脱节。譬如，由于台北故宫博物院的“朕知道了胶带”在开始推向市场时获得了良好的口碑，但随之各种模仿的类似产品却成了网络销售不佳的文创产品，原因在于这种类型的胶带在实际生活中的需求非常少。由于博物馆文创产品自带博物馆的“光环”，消费者自然对此有着一些特殊的期待，因此当代消费者对于博物馆文创产品究竟有着怎样的期待，是博物馆文创产品设计者首先面临的问题。

1. 文化性

文创产品与普通日用品的主要区别在于文化性，但消费者对博物馆文创产品的文化性要求还不同于一般文创产品。这个更高的要求往往被认为存在于审美的层面，但正如文化产业之“文化”的界定，文化是一种特殊的生活方式，那么消费者所期待的文化性其实是文创产品所传递的历史传统，是那些审美元素所蕴含的故事或寓意。

以大英博物馆的文创产品为例，几乎每一种产品都来源于馆藏或与其相关联的历史故事。例如，纸莎草文献橡皮擦（图 4-1）虽然是一个并不起眼的小商品，却让现实产品与 3000 多年前的埃及王朝所发生的故事建立起了连接。如果没有这一历史的连接，那么这一枚“橡皮擦”不过是一枚普通的橡皮檫。所以，真正激发消费者购买这枚“橡皮擦”的动机，既不是它的实用功能，也不是它的视觉美感，而是神秘的古埃及人曾经的生活方式，包括古埃及的文字、纸莎草以及古埃及人的历史命运。这种处理方式也被其他各大博物馆所采纳。消费者浏览、选择博物馆文创产品的过程，因此变成了一种了解博物馆藏品、了解历史、了解古代人的审美意识和生活方式的过程，甚至会出现足不出户即可感受历史文化熏陶的效果。这种了解方式有时比亲临博物馆现场的感觉还细致，现场参观未必能对每一件藏品进行仔细琢磨，但如果想购买某件文创产品，一定会仔细了解产品的色彩、纹样或造型等元素背后的历史内涵。实际上，我们常常将文化产品称之为“内容产品”，或者将文化产业称之为“内容产业”，而这些历史意涵就是博物馆文创产品的“内容”，这些内容本身也是产品的一部分，是比产品实用价值更重要的附加价值。消费者之所以购买博物馆文创产品，其动机往往出于对这些内容的兴趣，其实质是对这些“内容”的购买。

图 4-1　纸莎草文献橡皮擦　大英博物馆出品

诚然，消费者对于博物馆文创产品的购买动机还有纪念、审美与实用等因素，只不过“纪念性”和“审美性”依然源自于产品蕴含的文化内涵。博物馆文创产品所采用的形式或装饰通常是对典藏品的造型、色彩或纹样的提炼，本质上是典藏品产生年代生活方式的印迹，传达了特定历史时期的文化信息；博物馆文创产品的纪念意义不仅是对博物馆参观游览之行的一种“记录”或一个“证据”，也是对所了解的历史故事的一次“存储”。不过，博物馆文创产品的销售渠道已经不再局限于博物馆的实体商店，随着博物馆文创产品在电商平台的销量日益提高，其纪念价值就主要存在于对历史故事的“存储”中了。

就其实用性而言，文创产品虽然立足于产品的功能层面，但实用功能连接的是现实生活世界，连接并适应着消费者所处时代的社会文化，这依然是文化性的重要方面。从某种程度上来说，这种生活世界的实用性是一种更重要的“文化性”，也是一种容易在设计中被忽视的“文化性”。有些博物馆文创产品虽然在视觉设计上下了很大的功夫，但因忽视了实用功能，而让消费者放弃了消费行为。所以，虽然博物馆文创产品的文化性来自于藏品所特指的历史文化或人物故事，但我们不能忽视其连接历史传统与现实生活这一根本特性。

举例而言，诸如纸胶带、明信片、名片盒、滑鼠垫、原子笔、钥匙圈等商品虽然是博物馆文创产品的常见类型，并且有的曾经成为爆款商品，但实际市场需求却非常有限。原因是这些商品已经不是数字时代必不可少的用品，甚至是被现代生活所淘汰的商品。基于这一现状，博物馆文创产品应尽量避免开发此类产品，尽可能避免开发无实用功能的摆饰品。为了适应现实生活的需求，适应新时代的生活观念和价值取向，博物馆文创产品的设计与开发应重点考虑以下几类产品：（1）环保类产品，譬如由环保材料制成的餐具、杯套、拎袋等，这些都是日常必须用品；（2）青春类产品，譬如适合年青人使用的创意礼品、萌化生活用品、随手杯、疗愈小物等，满足年轻人追求的“萌文化”需求；（3）创意类餐具，譬如餐垫、盘子、碟子、筷子、筷架等，这些产品可以让单调的日常生活变得多姿多彩；（4）儿童类产品，譬如儿童餐具、围兜、益智玩具等，这是一个更加广阔的文创产品市场。总之，博物馆文创产品只有把博物馆藏品所蕴含的文化融入功能性商品，才能真正走进老百姓的日常生活世界。

2. 精致性

出于博物馆的文化性和专业性，消费者对于博物馆文创产品提出了精致性的要求。这一要求首先体现在产品的格调上。格调指的是产品的风格、品格或风范，博物馆文创产品应避免陷入庸俗化的开发路径。精致性对产品的品质提出了较高的要求，主要体现在产品的材料、结构、制作工艺等方面，尤其在细节的处理上，要把中国传统工艺那种工匠精神蕴含在产品设计中，这也是传统美学思想的融入问题。精致性还体现在产品的“可用性”上，同样功能的产品有的用起来顺手，有的用起来不顺手，有的用起来安全，也有的用起来不安全，往往带给消费者不同的心理感受。所以，设计师要从用户使用场景的角度来思考设计，既要考虑到人的生理、心理上的尺度，也要考虑到人的感知能力的有限性，以及人在使用过程中的操作逻辑、容错性、易学性、灵活性或可调节性等因素。质言之，设计师要在设计过程中始终保持用户思维，以用户的使用逻辑来思考设计。

这种用户思维，换一个角度看，就是产品设计有没有考虑到产品使用者的情感功能需要，满足这种需要的设计方法在设计心理学上被称之为“情感化设计”（Emotional Design）。消费者对博物馆文创产品的精致性要求，也是一种情感功能的需要。那么从情感化设计方法出发，博物馆文创产品设计应面向以下几个维度：

第一是功能的易懂性、易操作性。譬如，手机从按键式到触摸式的变化就是迎合了简化操作的消费需求趋势，快节奏的生活促使设计不断简化复杂的操作流程，未来的手机或许会取消触摸键盘，毕竟人工智能已经实现了语音的录入、识别和翻译等功能。

第二是有质感、有温度的物理感觉。博物馆藏品的制作材料一般都是天然材料，现代人已经逐渐厌倦人工复合材料，厌倦甚至远离有毒的塑料、化学纤维和冷冰冰的金属，而天然的木材、蚕丝与玉石等重新成为人们青睐的对象。即使受制于材料的可得性和产品的成本而不能全部采用天然材料，设计师也要通过技术或设计手段让产品拥有天然的质感。

第三是契合消费者的文化认同。这里既有民族、宗教、年龄和性别的因素，也有社会环境和经济发展水平等因素，因此，设计师要对符号、纹样、色彩乃至造型的社会象征意义有精准的把握。

从根本上来说，精致性的要求就是中国传统美学思想的运用，做到“文质彬彬，然后君子”。这是由博物馆自身的文化地位所决定的，博物馆文创产品的消费者会要求博物馆衍生产品体现博物馆藏品的美学价值。以故宫博物院的“汝窑天青釉梅花茶叶罐”为例，这款产品的文化基因取自于院藏元代王冕的画作《墨梅图》（图 4–2），画中呈现的是一株倒挂的梅枝，前后错落，枝头缀满繁密的梅花，正侧偃仰，千姿百态，图中点题“不要人夸好颜色，只流清气满乾坤”，深得梅花清韵。这里的梅花被用在了一只汝窑天青釉的茶叶罐提钮上，与汝窑素瓷的气质十分契合。虽然用作提钮的底部并不起眼，但体现出了梅花高洁、谦虚的君子品格，恰到好处地塑造了“迁想妙得”的意境。

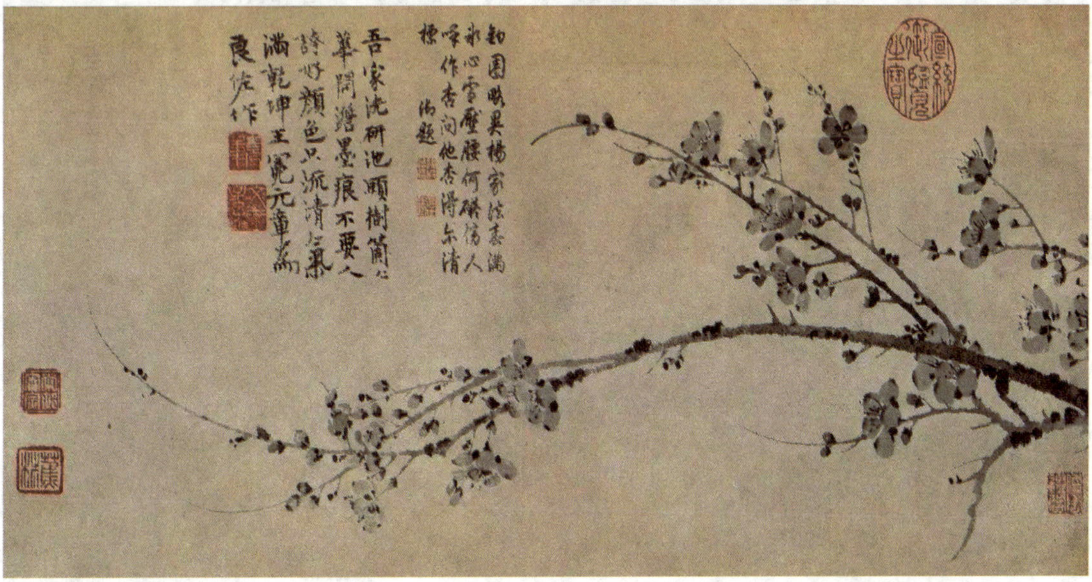

图 4–2 《墨梅图》 王冕

3. 趣味性

博物馆文创产品设计不是对藏品的简单模仿或仿制，而是基于现代材料、技术、生产工艺以及市场需求环境的产品创新开发，因此是一种“无中生有”。为了适应现代社会的价值观特别是年轻族群市场的审美需求，趣味性或游戏性已经成为博物馆文创产品的一种重要的创意方式，无论是大英博物馆的“小黄鸭系列”、台北故宫博物院的“朕知道了胶带”，还是故宫博物院的“故宫猫系列”以及“故宫格格”等，都是对当代社会“萌文化”的主动适应。传统的博物馆藏品通常给人一种“可远观而不可亵玩”的感觉，是一种“高高在上”的奇珍异品，为了让这些高冷的珍品转化为有温度的产品，趣味性设计就成了珍品元素走向现实生活的一条捷径。但在这条捷径上，设计师面临的问题是如何让“曲高和寡”的文化历史与快节奏、碎片化的当代生活相结合，解决的方式是让文创产品变得有用又有趣。

趣味性不是只有“卖萌”一种模式。苏州博物馆热销的“文衡山先生手植藤种子”堪称“奇思妙想”。这一产品的文化基因源自于拙政园内的一棵古紫藤，而苏州博物馆旧馆就在拙政园内。文徵明，号衡山居士，与唐寅、祝枝山、徐祯卿合称“江南四大才子”，他的艺术造诣极高，诗、文、画样样精通，人称“四绝”全才。所以，这棵在500年前由文徵明手植的古紫藤就成了苏州博物馆的珍贵“藏品”（图4-3）。

图4-3　文衡山先生手植藤苏州拙政园

苏州博物馆每年从古紫藤结出的约 5000 颗种子中挑选出 3000 颗，经过晒干种荚、剥出种子、晒干种子等流程后装盒，便成为一款热销的文创产品。产品外包装采用了仿宣纸洒金材料，以文徵明“衡山”印章图案作为封条，内包装采用纸艺制品盛放 3 颗种子，印制了关于文徵明手植藤的文字说明。这一产品的“趣味性”在于种子的文脉延续之寓意。文徵明是明代画坛领军人物，“文藤”因而有了苏州文脉延续和象征的寓意，这棵紫藤的种子便有了薪火相传的意义。当你种下这棵种子，看到它发芽、抽叶，就会产生一种思接千古的感觉，仿佛古人的生活就在眼前。因此，与其说苏州博物院的这一文化创意是一种趣味性设计，不如说是一种“江南婉约风”模式。

苏州博物馆另一件爆款——以镇馆之宝“秘色瓷莲花碗”为文化基因开发的“秘色莲花曲奇饼干”（图 4-4），以趣味性俘获了消费者的消费欲望，竟将博物馆的藏品做成了消费者的食品！这件越窑秘色瓷莲花碗为五代精品，是苏州博物馆三件国宝级文物之一，通高 13.5 厘米，由碗和盏托两个部分组成。整个器物造型规整，结构巧妙，碗身及外壁都饰有浅浮雕大瓣莲花图案，整个造型恰似一朵盛开的莲花，高雅出尘。器物通体施以青釉，晶莹润洁。苏州博物馆的文创开发团队几经周折，耗时 5 个月，才与当地一家老字号食品公司联合研制出了这款萌意十足的秘色莲花曲奇饼干。

图 4-4　秘色莲花曲奇饼干　苏州博物馆

从承载生命力的“文衡山手先生植藤种子”，到可以回味的“秘色莲花曲奇饼干”，博物馆文创产品的趣味性设计体现了创新思路，极大地拓展了博物馆文创产品的市场空间。我们从中也可以看出，“卖萌”“尝鲜”并不是目的，而是让消费者了解、接受或感受博物馆的一种方式，博物馆文创产品的生命力依然在于藏品背后的故事、历史或文化寓意。因此，“精致化”设计的本质是情感化设计。这一设计方法可以从三个方面展开：

第一是“感官层面”，这是最直接且最难以抗拒的情感，因此也是容易为消费者所理解和接受的刺激，如形色刺激、情色刺激、悲情刺激或恐怖刺激等。

第二是“效能层面”，这是商品的“可用性”带给消费者的情感体验，主要体现在使用者对于产品的控制和驾驭能力上。

第三是“理解层面”，这指的是消费者对产品所蕴含的信息、内容和意味的理解与体会而产生的情感。这一层面包括消费者自我形象的表达、对产品及其使用方式所蕴含意味的领悟和反思、叙事性的解读以及象征符号的理解等。

第二节　博物馆文创产品设计策略

文化性、精致性与趣味性是消费者对于博物馆文创产品的想象或期待，也是博物馆文创产品设计师形成设计策略的出发点。为了满足消费者的这些需求特征，“情感化设计”便是一种合适的产品开发策略。

情感化设计就是设计师以某种表达方式有目的、有意识地激发消费者的某种情感，使之产生相应的情绪体验，达到或强化某种目的的设计。根据心理学家的研究，人类的基本情绪是与生俱来的，包括兴趣、惊奇、痛苦、厌恶、愉快、愤怒、悲伤、恐惧、害羞、轻蔑以及负罪感等若干种类，它们具有独立的生理特征，即不同的外显表情、内部体验、生理神经机制和不同的适应功能。对于博物馆文创产品的设计师而言，就是要以带给消费者兴趣、惊奇、愉快等基本情绪为出发点，制订相应的设计策略，共同指向一个目标：快乐。快乐是一种积极的情绪，文创产品的基本特性就是提供快乐，因此设计师的根本职责就是要成为“快乐的提供者”。

设计如何带来快乐？其一是感觉愉快，是通过感觉器官如视觉、听觉、触觉或嗅觉等获得的快感；其二是得利快感，是通过功利性目的的达成而获得快感，如更快速、更简单、更优质地完成某项任务，或者在产品使用中获得了意外或附加的好处；其三是超出常规的快感，譬如最早能引起婴儿笑的刺激有两种，一种是亲人的逗弄，一种是将他抛起再接住的动作，可见脱离常规常常能带给人们快感，原因在于这种情况使人们暂时从自身设定的常态中脱离了出来，从而感到愉悦和压力被缓解；其四是解码快感，当人们从某种符号或隐喻中解读出意义并与之产生共鸣时也能获得极大的快乐。其五是交互快感，是一种体验性的快感，消费者在使用过程中与产品发生交互，能够选择、改变、控制、操作产品及其使用方式，从而获得自我实现的愉悦。围绕提供快乐的五条路径，博物馆文创产品设计策略可以归结为三条具体的路径。

1. 把经典元素植入衣食住行

从国内外博物馆的爆款产品来看，好的文创产品都是从博物馆藏品中提取色彩、纹样、符号或造型等特征元素，植入到为衣食住行服务的日用小商品中。这些特征元素正是博物馆藏品的经典所在，其象征意义通过文创产品的传达，可以给消费者带来感官上的愉悦刺激，消费者从中感受到过去的生活方式。元素的提炼要遵守一定的规则，包括“三体”，即体验、体温和体系。

从消费者的角度来看，体验是从生活与情境出发，塑造感官体验及思维认同，以此抓住消费者的注意力，创造消费欲望，为商品找到全新的生存价值与市场空间。这是从温饱型的社会经济状态转向小康型的社会经济水平的消费行为转型，因此被称之为“体验经济”。21 世纪的经济发展已经从传统的产品经济时代（以实用目的为主）转入到商品丰富乃至过剩的服务经济阶段（以消费者的自我体验和满足感为主）。因此，不同于普通商品，博物馆文创产品更加强调差异性和感官性的要求，而数十万乃至数百万的博物馆藏品中所蕴含的各种特征元素为个性化、差异化和特殊的感官体验提供了取之不尽、用之不竭的创意源泉。不过，博物馆文创产品还承担了另一种体验功能，即让那些一直被“隔离”的珍贵藏品进入大众视野，让大众消费者能够通过文创产品领略到馆藏珍品的文化细节，让人们通过这些细节的体验领略到遥远的历史空间的模样。基于纹理、色彩和纹样的创意设计能让人们感受到古人的生活世界和生活方式，从而在意识中形成一种美好的感觉。故宫博物院开发的“海水江崖织锦钱包”，所采用的海水江岸织绵纹饰（图 4–5）过去只能作为“龙袍”或官服的纹样，采用的织锦属于中国技术水平最高的丝织品，一直是皇家贵族的享用品。因此，这款织锦钱包既适应了当代人的审美需求，也让普通人体验到了“皇家用品”的华贵和精致。不过，体验的方式既有娱乐的体验、教育的体验、审美的体验，也有逃避现实的体验，但体验主要依托于感官，所以体验所涉及的感官越多，愈容易成功，越令人难忘。因此，体验并不局限于视觉，除了视觉设计之外，体验设计还要在材料和使用方式上加以体现。这就涉及到文创产品的“体温”和“体系”。虽然这里的“体温”只具备一种人文层面上的含义，但其本质却是基于人性的角度。而“体系”则是从内容的角度出发，使博物馆文创产品的开发通过完整的产品系列，来讲述完整的故事，传递完整的理念。总之，把经典元素融入日常生活，就是让高高在上的馆藏品放下身段，“飞入寻常百姓家”，自然融入人们的日常生活。

图 4-5　海水江崖织锦纹饰

2. 把惊喜与意外带给消费者

惊喜不一定只体现在功能上，还可以通过夸张、对比或“童稚化”设计手法来呈现。“童稚化”设计对应的是“萌文化”的消费需求，是把童趣带给消费者的一种情感化设计，这就要求设计师把童心注入设计，采取增减、变形、夸张、补充、重构或再造等艺术处理方式，来融入情感因素，迎合消费者追求“萌哒哒”的消费心理，从而触动消费人群的消费意识。这种设计往往略带“拙气”的可爱，有着孩子般天真的想象力，新奇而无危险，是一种不带做作、不带巧饰的真情流露。这一设计潮流起源于日本，被产业界称之为“萌经济”。当时的日本正经历一个较长时期的经济停滞，装可爱的“萌经济”成为人们逃避现实的出口，而这种“潮流”也影响到时尚领域，譬如可爱的泰迪熊、凯蒂猫以及各种触动人心的主题角色，都成为时尚设计元素，以致在世界范围掀起了“装可爱”的流行热潮。

显然，相对“功能”而言，“童稚化”设计有着更多的感情色彩，而相对“商品”而言，则蕴含了更多的艺术因素，这就对设计师提出了更高的要求。只有当设计师在设计探索中始终保持一种单纯、敏感、好奇和充满活力的真诚，才不至于变得矫揉造作，才能让产品传递出“真诚”与“感动”，而不至于流俗。童稚化设计之所以能够被市场普遍接受，根本原因是其对理性主义或功能主义设计的反动。当代消费者厌倦了高度理性化、冷漠化、单一化或功能化的设计产品，转而追求自在、轻松或幽默的生活方式，童稚化设计带来的就是这方面的情感补偿（图 4–6）。

童稚化设计的表达方式主要体现在以下方面：

一是在形态上摒弃了有棱有角的设计，大多采用圆滑柔和的线条，追求流畅而精致的视觉效果，避免刻意的痕迹，形成自然、朴素、简洁、明朗的艺术风格，从而带给消费者一种安全、温和与友善的感受。

二是在色彩上采用或清新自然或夺人眼球的颜色，这种通常被用于儿童用具的色彩，给文创产品的使用者带来了良好的使用感受。

三是在材质上往往采用绿色环保的木、竹、藤、麻、布等天然材料，不仅为消费者带来了“温度”，也带来了乐趣；藤、麻、布等软性材料的采用既带来了一种如皮肤般的弹性，也营造了一种安全舒服的感觉体验。有时候采用一些半透明的材料，让产品的内部结构若隐若现，有利于形成某种温婉的神秘感和良好的亲和力。

真正满足“萌文化”需求不是一件简单的事，也不是单凭设计师回归童心即可成功，还需要遵守一些具体的方法与注意事项：

（1）产品的拟人化，主要是产品外观的拟人化设计，这是“萌化”的一种常用方法。

（2）缩小产品的尺寸，走轻薄短小的设计之路。这一设计方向既来自于新技术的推动，也源自于移动化生活方式变迁的实际需求。

图 4–6　俄罗斯青蛙套娃

（3）满足一些特殊的嗜好，创造产品的亲近感。

（4）加入避免尴尬的功能，并能发挥人际润滑剂的功能，确保产品的使用不会对使用者周边的人产生不良的影响。

（5）适应“御宅族”的思维模式，力求生活的剧场化。

3. 符号易读性与功能多样性

符号的易读性是对文创产品的基本要求，但博物馆藏品未必然为大众所熟识，因此在运用藏品特征元素时存在一个符号的可读性问题。可读性强、识别度高的产品更容易被市场所接受。譬如，中国台湾地区的文创产品“朕知道了”胶带，对中华文化圈而言，无需任何解释即可了解其中的文化背景，都能从四个字中感受到霸气外露，而“翠玉白菜伞”（图 4–7）也因为那棵著名的“小白菜”成为一件识别度极高的文创产品。

此外，大英博物馆将“小黄鸭”和莎士比亚、古埃及狮身人面像以及古罗马战士元素相结合，开发了一系列可爱的童稚化产品，受到了市场的热烈追捧，但这里的关键符号并不是历史上的莎士比亚或古罗马战士，而是作为流行文化元素的“小黄鸭”。1970年，歌手吉姆·汉森创作了流行歌曲《小黄鸭》，“小黄鸭”从此成为流行文化元素，成为许多英国人童年记忆的符号（图 4–8）。几乎每个英国小朋友都曾玩过小黄鸭，那么小黄鸭的符号可读性就远远高于博物馆的藏品。从小黄鸭产品的成功经验可以发现，为了提高产品特征符号的可读性，博物馆文创产品并不一定只是单纯运用藏品元素，还可以通过古代经典与现代元素的组合，使得高大上的文物接上现代生活的地气。

图 4–7 “翠玉白菜伞”

图 4-8　小黄鸭文创产品

这是一种元素组合创意方式，也是多样性设计的重要路径。流行文化元素与经典传统元素的结合为博物馆文创产品的系列化开发创造了无限的可能性，也为文创产品的功能多样性与个人定制化创造了条件。个人定制化适应了当代人彰显个性的消费需求，打造专属商品已成为博物馆文创的一个发展方向。例如，每个人都有习惯使用的物品，如专用的马克杯、钢笔等，不管是一开始就订制的物品，还是因长久使用、不断磨合而产生适应性手感的物品，都具有固定且难以取代的个人价值，因此同一种商品可以衍生出不同的细节来适应市场。

另一种多样性的方式是对同一件藏品中的符号或元素进行拆分，分别用于不同功能的产品。例如，卢浮宫围绕镇馆三宝之一的《蒙娜丽莎》推出的“蒙娜丽莎产品”包括一整套产品线，“口袋镜”的外观用了蒙娜丽莎的一只眼睛，“唇膏”的外观用了蒙娜丽莎的嘴唇，厨房围裙和抹布上印有缩小的蒙娜丽莎头像……这种处理方式使得《蒙娜丽莎》成了商店中出镜率最高的题材。

功能的多样性还体现在新技术的运用上。例如，美国现代艺术博物馆 MoMA 的产品设计定位是现代时尚产品，或胜在设计色彩，或胜在意想不到的功能，绝对不是简单的形象复制。设计的旅行箱极富科技感，增加了 USB 接口，本身就是一个充电宝，同时可以利用滑轮的摩擦产生电流，实现不间断供电。

在对符号的易读性进行设计探索过程中，设计师既要大胆创新，也要保持对文物、艺术品严谨、审慎的态度，不能过于夸张或卖弄，以免失去文化灵魂。这是一个复杂的过程，一般有“符号直译”“功能转换”“意境诠释”的不同阶段，设计师的任务是要通过符号的巧妙运用、功能的巧妙设置，上承经典，下接地气。

第三节　中国泥人博物馆文创产品赏析

中国泥人博物馆是坐落于无锡的一座年轻、小型的专业型博物馆（图 4–9）。博物馆建筑由日本著名设计大师隈研吾设计，屋面铺设蝴蝶瓦，江南水乡的粉墙黛瓦特征明显；空间布局保留了原惠山泥人厂的旧厂房，借景锡惠山林之美和江南古镇风情，展现出简洁古朴、温婉典雅的风貌特征，成为民众的精神家园和游历之地。博物馆内厅一楼以精美的塑像讲述惠山泥人的悠久历史与制作工艺，二楼是中国泥人各地流派的作品展示、世界泥人文化展示以及十多个泥人大师工作室。泥人博物馆的专业性使得它的文创产品开发存在较高的难度，然而正因为它的专业性，也就比较容易形成差异化的产品。

泥人博物馆的主要藏品来自各地不同时代的泥人塑像，风格迥异，既有喜形于色的麦积山小沙弥，也有祥和柔美的敦煌彩塑，其中最重要的是惠山泥人的代表作品“大阿福”。惠山泥人，诚如郭沫若所言：“人物无古今，须臾出手中”，虽然属于传统工艺品，却有着较高的艺术欣赏价值。作品“大阿福”是一个非常可爱的团座儿童形象，经过几百年的演化和传播而成为知名度最广、辨识度最高的无锡文化象征。随着文化产业的蓬勃兴起，围绕“大阿福”形象开发的文创产品层出不穷，精品迭出，只是难以形

图 4–9　中国泥人博物馆

成产业规模。其中原因虽然复杂，但主要是由传统工艺与文创产品概念的混淆所致。

文创产品设计既不是对藏品的仿制，也不是对传统工艺的模仿，而是提炼并运用藏品的文化基因，并将其植入日用生活品以传播历史传统文化，因此设计师要遵循商品市场规律，在产品定位和设计方案上发挥想象力，以适应现代人的生活方式和审美趣味。

1．惠山泥人的文化内涵

虽然泥人博物馆的地位无法与世界级的博物馆相提并论，但“泥人”所蕴含的文化意涵却与人类文明的起源与命运有着密切关联，且泥塑作品的创作和工艺演变过程蕴含了宗教或哲学方面的价值取向。西方的《圣经》认为“耶和华神用地上的尘土造人，将生气吹在他鼻孔里，他就成了有灵的活人，名叫亚当”；在中国的神话传说中，作为大地之母的女娲仿照自己的样子“抟土造人”，创造并构建了人类社会。东西方文化这种不约而同的创世叙述，都基于一个基本的事实，即土地是人类生存的根本之所，生于此，长于此，生生不息于大地上，天地孕育了人类文明，“天地人”是和谐共生的关系。

惠山泥人的起源的确与佛教有关，其发源地就在惠山北麓的惠山寺。惠山寺是禅宗道场，历史上香火旺盛，高僧众多，唐宋鼎盛时期僧舍达数千间，寺内至今保存有完整的唐宋石经幢、宋代金莲桥、明代古银杏、清代御碑等珍贵文物。唐代一位佛塑艺人因在惠山脚下找到一种黏细的黑土，特别适宜塑造，便落户惠山以泥塑为生。苏东坡当年途经无锡曾留下“惠泉山下土如濡”的诗句，说明惠山泥人在宋代已有相当的影响力。传说“大阿福”的形象是从唐代石经幢上浮雕结伽趺坐佛像（图 4–10）与宋代金莲桥浮雕上“牡丹童子”图案（图 4–11）衍生而来。

从现存各个时期的大阿福形象来看，外观差异虽然明显，但都被认为有镇邪、降福之意。传说古时山中居住着一对名曰“沙孩儿”的人形巨兽，力大无比，山中野兽只要见它一笑，即俯首投入其怀中，任其吞噬。泥塑艺术将“沙孩儿”形象转化为“大阿福”，从此形成了一个不同凡响、拥有神力，却又来自民间的可爱壮健的孩子形象。但是，按照对《无锡县志》关于惠山寺石经幢拓片文字记载的研究，石经幢之所以在唐代风靡一时，在于唐人认为经幢可以消罪孽、得福慧、利益众生。因此如果早期的大阿福形象确实源自石经幢浮雕佛像，那么大阿福具备镇邪、降福功能而成为一种吉祥之物就顺理成章了。不管怎样，现在的惠山泥人大阿福，其形象虽然看上去有些土气，却是辟邪、讨福、祥和、圆满的吉祥之物，传播的是福瑞、快乐、祥和、圆满的吉祥之意，蕴含着人类对至善的追求和未来的理想，有着一种普世的价值。

图 4-10　无锡惠山寺石经幢及浮雕佛像

图 4-11　无锡惠山金莲桥及“牡丹童子”浮雕图案

2. 大阿福形象的特征元素

现存最早的“大阿福泥塑”是一件清代乾隆年间的原模，通高 22 厘米，宽 16.5 厘米，厚 7.2 厘米，是高浮雕型的印制泥人。传统大阿福形象造型简练，盘膝而坐，面型饱满，笑盈盈，胖墩墩，眉弯目秀，鼻直口方，头梳菱形发髻，怀抱青狮，服色明丽，黄底红花，具有强烈的江南民间情调，彰显出惠山泥人“搭搭满、细细减、色色爆”的艺术特征。

实际上，大阿福所传递的吉祥意蕴可以分解为五种特征元素（图 4-12），这五种元素既是大阿福泥塑作品的文化基因，也是可供阿福系列文创产品设计的视觉审美元素。

（1）头戴寓意富贵的牡丹花

牡丹花向来被称为“花中之王”。唐代刘禹锡诗曰：“庭前芍药妖无格，池上芙蕖净少情。唯有牡丹真国色，花开时节动京城。”北宋理学家周敦颐在《爱莲说》中称牡丹为“花之富贵者也”。清末，牡丹曾被作为国花，而民间传统一直把牡丹作为富贵吉祥的代表性符号。譬如，在中国传统吉祥图案中，牡丹与月季结合而成为著名的“富

图 4-12　传统大阿福及其特征元素

贵长春”纹样（图 4-13）。关于月季的寓意，清代《广群芳谱》记载：“蔷薇花月月开放，又称月季。因其四时不绝，亦称作长春花。”将牡丹和月季并提，就代表了常年的富贵吉祥。此外还有“凤喜牡丹”图案，凤为百鸟之王，百鸟之王与百花之王的结合象征着安宁吉祥，富贵兴旺。这类图案在明清时期尤为盛行，多用于贵族男女的衣服与首饰。

图 4-13　“富贵长春”纹样

（2）身穿寓意纳福的五福衣

“五福”一词源出于《尚书·洪范》，是关于幸福的五条标准，分别是长寿、富贵、康宁、好德与善终。后世民间也把福、禄、寿、喜、财统称为“五福”。由于蝙蝠的“蝠”与“福”同音，所以在传统吉祥图案中通常以五只蝙蝠来象征“五福”。传说中蝙蝠是长寿的动物，因此在中国人的传统中象征着长寿、福气、吉祥和幸福，蝙蝠进入家门是“福临门”的征兆。相应的传统吉祥图案有“五福捧寿”“五福捧桃”与“五福和合”（图 4-14）等。在“五福和合”中，五只蝙蝠一齐飞进一个带盖的圆盒内，“盒”与“和”“合”同音双

图 4-14　“五福和合”纹样

关，表达了五福齐到、家庭和谐幸福的寓意。著名的杨柳青年画《五福临门》画了五个朝服天官各拿着一道圣旨，上绘蝙蝠，象征天降五福于门前，饱含祥瑞吉庆之意。“五福”的另一种表现方式是采用蝙蝠、梅花鹿、仙鹤（或乌龟、松树、老寿星、蟠桃）、喜鹊、鲤鱼（或财神、莲、钱币、财兽）等图案，分别象征福、禄、寿、喜、财的寓意。今天依然在婚庆礼仪活动中由新娘或其他女子穿着的“五福衣”，就是绣有这些动物纹样或五只蝙蝠纹样的服装。

（3）胸佩寓意长寿的长命锁

长命锁（图 4–15）的前身是“长命缕”，是挂在儿童脖子上的一种装饰物，通常一面镌有“长命富贵”“长命百岁”“长发其祥”“福寿万年”或“玉堂富贵”等吉祥祝语；另一面雕出麒麟、龙、虎、寿桃、蝙蝠、金鱼或莲花等装饰图案，其材质有金、银、玉、木等，一般以银居多。传说只要挂上这种饰物，就能祛灾去邪，“锁”住生命，所以很多儿童从出生不久就挂上这种饰品，也有在新生儿满百日或周岁的仪式中挂长命锁，一直挂到成年。

图 4–15　长命锁

据《本草纲目》记载：“银有安五脏、安心神、止惊悸、除邪气等作用”，可见佩戴银质长命锁对身体调养确有作用。不过，长命锁现在主要寄予的是长辈对晚辈的祝福，譬如在江南地区外婆要给刚出生的外孙送银制装饰锁。长命锁的装饰图案经过了千百年的变迁，其纹样大致可分为两大类：一类是对吉祥幸福的追求，如“五子登科”“福如东海”；一类是对生殖繁衍的渴望，如“麒麟送子”等。

（4）怀抱寓意辟邪的青毛狮

大阿福怀中所抱的是一头青毛狮（图 4–16），狮子为百兽之王，这一设计是对大阿福镇邪除魔之神力的渲染。青毛狮乃文殊菩萨的坐骑。文殊菩萨为佛教四大菩萨之一，是大智慧的象征，其形象通常是右手持金刚慧剑，左手持青莲花，坐骑为一头智慧威猛的狮子，所以是以智慧利剑斩断烦恼，以狮吼威风震慑魔怨。按照民间传说，阿福的魔力其实来自他的微笑，能以“甜美的微笑”征服“威猛的巨兽”（传说中的“年”），也是一种大智慧。

图 4–16　怀抱青毛狮的阿福

（5）足登寓意登第的粉底靴

古代科举考试一甲有三名，依次为状元、榜眼或探花，赐进士及第，登第的士了从此就成为朝廷的官员了。这里所说的“足登粉底靴”，实指官员上朝所穿“青缎粉底小朝靴”，是一种黑色缎子面、白色靴底的方头长筒靴子。这里的粉色其实是白色，穿粉底方头靴上朝的规定为明代旧制，至清代明确规定男子公服穿靴，便服着鞋，故普通百姓是只能穿鞋不能穿靴的。

3．“阿福”系列文创产品创意路径

根据大阿福泥塑形象的文化特征分析，我们便可以发现现有“阿福”系列文创产品存在的问题，也可以因此找到正确的“阿福”文创产品（图 4–17）的创意路径。

（1）象征符号的运用

由于清代“大阿福”泥塑作品使用的纹样符号分别象征“富贵”“幸福”“长寿”“辟邪”“登第”等五种吉祥意涵，所以“阿福”系列文创产品应该围绕这五个方面来展开

图 4-17　福喜节庆贺图　熙攘文创

策划和设计。例如，可以将五个主题作为一个品类中五个产品的各自主题，开发出系列产品。每个主题产品的构思分别以“牡丹”“五福衣”“长命锁”“青毛狮”“粉底靴”图案或纹饰与其他的无锡元素或现代元素进行连接，从而既能让消费者一目了然地看到无锡元素，又能从系列产品中了解无锡泥人的故事内涵。另一种方式是单独就其中一个主题，譬如以牡丹来构思“福贵”系列产品，或者就“五福衣”构思“有福同享”系列。若以“牡丹”或“五福衣”等作为主题系列产品的基本元素，还需融入其他元素进行“连接”，一种是连接当代生活，以适应当代的生活方式或审美观念；另一种是连接本地文化，以便于承担地方旅游纪念品（图 4-18）的功能。因为牡丹本身并非无锡特有花种，如果作为无锡城市形象纪念品，就要将其他元素融合到图案设计中。

图 4-18 “福喜”系列文创产品 熙攘文创

（2）地方色彩的运用

清代泥塑“大阿福”中采用了大红、大绿、黑色、金黄以及白色等五种色彩，惠山泥人一直以“红靠黄，亮晃晃；红间绿，花簇簇；粉笼黄，胜增光”作为配色口诀，但为了符合现代人的审美观念，我们需要对这种配色方案及其文化内涵进行重新审视。实际上，这五种颜色所对应的正是 “东南西北中”五个方位，因此象征着来自五个方位的“神力”，从而让阿福拥有镇邪除魔的力量。换言之，泥人阿福所使用的的色彩，其文化内涵与其所使用的五种文化符号是一致的。于是，我们既可以将五种色彩组合使用，以传递五方“神力”，也可以分开使用，传递某种吉祥之意。譬如大红对应于牡丹，象征福禄；白色对应于粉底靴，象征登第。

（3）阿福形象的衍生

以阿福形象为基础开发的衍生品目前有各式各样的品类，多数保持了惠山泥塑那种“搭搭满、细细减、色色爆”的艺术特征，延续了阿福的儿童形象和喜气、福气的吉祥意蕴。然而，这一类文创产品虽然基本保持了大阿福形象的神韵，但是对阿福形象的变形设计使得这些衍生形象很容易与其他产品撞脸，原因就是放弃了阿福原本文化特征，降低了“惠山泥人”的识别度。譬如，作为 2008 年北京奥运会的吉祥物的“福娃”（图 4–19），虽然其创意灵感来自于泥人阿福，但很少有人能从中联想到惠山泥人。

图 4–19　2008 年北京奥运会吉祥物“福娃”

（4）泥塑工艺的沿用

在惠山泥人厂内，一批泥塑艺人正在试图通过将传统泥塑工艺与时代精神相结合，让惠山泥塑工艺发扬光大，创作出了一批艺术造诣高、观赏性强的泥塑作品。但是，严格来说，这类作品不能称之为文创产品，只能说是艺术作品，原因在于大多数作品没有融入生活功能。诚然，作为泥塑产品，要融入日常生活并不是一件容易的事。一方面，设计师不但要考虑这种不经烧制的泥塑适合赋予什么功能，而且要考虑泥土本身的文化意涵能否与生活用品相匹配，这都需要设计师深入到生活实际中去寻找方向，譬如，香插、熏炉、纸镇以及儿童玩偶等都适合采用泥塑工艺。

另一方面，惠山泥塑的工艺是由两个方面组成的，一是手捏，二是彩绘。惠山泥人素有“三分塑七分彩”之说，因此彩绘（图 4–20）在惠山泥人工艺制作中占有较高比重，所谓的“色色爆”“细细减”的艺术特征主要指的是彩绘，其创造的“彩绘七法”（拓、涂、勾、点、掸、晕、刷）以色彩的华丽璀璨、工艺的大气精美，彰显出江南文化的审美情趣，尤其在一些以江南少女为题材的“手捏戏文”作品中，常常以青、绿作为主调，通过淡绿、深蓝、粉红、淡黄等色彩的

图 4–20　细腻丰富的惠山泥人彩绘

有序穿插，形成一种视觉上的宁静与雅致，更加凸显江南水乡柔美、素雅、细腻的文化特质。由此可见，“阿福”系列文创产品的开发路径在工艺沿用方面不只有“泥塑”一途，也可以将“彩绘七法”与配色方案运用于产品的图案设计，彰显浓郁的地方风情。

（5）象征符号的物化

象征符号的物化包括两个方面。一是让阿福头戴的“牡丹”、身穿的“五福衣”、胸佩的“长命锁”、脚蹬的“粉底靴”、怀抱的“青毛狮”等特征符号实物化。二是让惠山泥人传统作品尤其是经典的“手捏戏文”作品中的人物形象经过物化设计实现功能化、实用化。这一创意思路将让我们跳出“大阿福”形象的框架，进入一个广阔的遐想空间。

譬如，熙攘文创开发的“阿福”系列金属书签（图 4–21）就是以阿福的不同外观构建产品设计。实际上，可以按照“牡丹”“五福衣”“长命锁”“粉底靴”“青毛狮”五种符号来设计书签系列。

图 4–21 “福喜拿哈”书签 熙攘文创

实践课题：阿福主题系列

无锡泥人博物馆“大阿福”系列文创产品设计

1. 实践目的：通过本章节对惠山泥人历史文化的描述，以及大阿福形象特征元素的解读，为无锡泥人博物馆“大阿福”系列进行文创产品设计，熟知文创产品的设计思路与创意路径，合理运用所学知识进行实践。

2. 设计思路：“大阿福”文化内涵取意；产品品类需求探索；审美元素再设计；产品创意设计。

3. 设计流程及要求：以大阿福的五种特征元素为基本设计素材，设计“阿福”系列文创产品，包括 2–5 个品类，每个品类至少包括 2 个产品。

（1）要求每一件产品具备生活日用功能，各品类以某种关联性形成产品系列；

（2）为每个产品撰写设计灵感来源和产品宣传文案；

（3）记录并提交创意与设计过程，包括设计草图、效果图；

（4）完成实物样品或模型的制作。

第 五 章

传统节庆文创产品设计

传统节庆文创产品是指服务于春节、元宵节、清明节、端午节、中秋节、重阳节等中国传统节日或其他地方性民俗节日活动的文创产品。由于传统节日是中国人的重要文化活动或文化样式，传统上有许多蕴含浓郁文化气息的节日产品，因此对这一类产品的开发设计，与其说要嵌入文化内涵，毋宁说是注入当代元素，让传统节日产品与当代的生活方式、审美观念或流行文化建立起连接。这种连接，从创意路径上来说是一种“吐故纳新”，从设计方法上来说是一种让经典再现的努力，而不是形式主义的敷衍。这种“吐故纳新”的基础，在于深埋于人们基因中的历史记忆，在于生活方式的不可突变性。譬如，虽然文创产品的作用在于创造新的生活方式，但春联的红色不会改变，新的生活方式必然是传统文化的延续。所以，“吐故纳新”的原则是继承并发扬光大，而不是对传统的否定，所谓创新是要解决现实生活世界中所存在的问题。

第一节　传统节庆文创产品需求特征

中国传统节日涵盖了原始信仰、祭祀文化、天文历法等丰富深厚的文化内容，记录了先民丰富而多彩的社会生活文化内容。每年春节、清明、端午或中秋等节日的交通潮涌，充满了传统的力量，体现着文化的归属。然而中国人对于传统节日的积极态度，并不意味着人们对于传统节日的现状是满意的，其中尤为对节日气氛、产品或礼品的抱怨居多。对气氛的不满是节日仪式感缺乏的一种体现，而仪式感总是依靠具备特定文化意涵的产品来烘托的；对节日产品的不满还在于传统节日产品与现代生活方式脱节，而新的节日产品又未能有效体现传统节日的文化内涵。这是一种“双脱节”，既脱离了现实生活需求，似乎也远离了传统习惯，中国人对于传统节日的热情现在主要存在于血液中所浸染的对家乡故土的依恋。不过，对于故土或故乡的依恋恰恰是传统文化的核心所在，对故乡的依恋正是传统节日文创产品的需求基础，而传统节庆文创产品的市场需求，本质上是一种情感需求。在文创产品的构思、策划或设计过程中，对产品需求的分析必须立足于这一基础。

1. 尊重传统：产品的仪式感

每一个传统节日都是一个民族或地域的特色文化集中彰显的时间，其中包括特定人群的传统信仰、历史记忆、生活方式和对未来的希望。以圣诞节为例，炫目的圣诞树、圣诞树上的铃铛和礼物、圣诞老人、白色蜡烛乃至节日祝语的花式字体等，无一不是信仰的载体、历史的印迹与对快乐的憧憬，正是这些有着鲜明象征意义的符号、物品、色彩或样式，为圣诞节构筑了完整的仪式感，影响了中国的年轻人。

中国的传统节日同样有着许多指向鲜明的符号、色彩、样式或物品。以春节为例，春联、门神、窗花、年画、“福”字、红绳结以及红包等，都是有着强烈仪式感的春节常见物品（图 5–1）。问题在于，这些象征性极强的节日物品如今成了一种纯粹的形式，其中所包含的宗教信仰、传统价值或历史故事等却被淡化甚至被遗忘了，成为一种“忘记意义”的仪式。于是，对于许多人来说，这些物品不仅失去了神圣性、神秘性、虔诚性，甚至成了负担，更不要说带来过程中的快乐，也不再蕴含对未来的憧憬。

重新找回传统节日的仪式感，虽然不是单靠文创产品设计即可解决，但文创产品设计是一种“信息传播”设计，承担着连接传统与现实的责任，既要通过强化符号的象征性，找回已经失去的许多节日用品与节日象征物，重新赋予其实用功能或膜拜价值，来传播中国人的信仰、价值和特色，又要通过参与性、体验性或情感化的设计增强产品的吸引力，增强消费者的文化认同感和文化自信心。与此同时，为了让传统节庆文创产品能够被年轻一代接受，产品设计师应当到具体的活动载体中去寻找需求，诸如各种地方性的庙会、灯会，或者单项的舞狮、踩高跷、荡秋千、赛龙舟、登高等活动，实际上都需要有与现代生活世界相匹配的道具、工具或形式。以赛龙舟为例，中国人有在端午前后赛龙舟的传统，主要是为了纪念诗人屈原。但是，

图 5-1　春节吉祥物品

赛龙舟在传统民俗心理中还有一个更有趣的民俗心理依托，即“不赛不发”。然而，这一点现在很少被人提及，但是如果以“不赛不发”为素材创作文创产品，将这一心理依托广为传播，无疑有助于带动端午习俗的复兴，也拓宽了传统节庆产品的市场空间。

这种“不赛不发”的心理暗示方式是对传统节日的神秘性或神圣性的调动或运用。一旦缺失了神秘性，人们对于传统节日就会因过于熟悉而失去新鲜感，也失去了参与的欲望。因此，文化的认同感或归属感往往来自于神秘或神圣性，传统节日文创产品的设计应避免过于的直白或简化，经典纹样、吉祥图案或华丽色彩等元素的运用，不仅可以为产品带来典雅与华贵的品质，也会形成神秘感、肃穆感，更好地渲染节日的仪式感。

2. 回归生活：产品的时代性

仪式感的缺失是产品的文化内涵与历史的脱节，而时代性的缺乏是产品的功能性、审美性与现实生活世界的疏离，这是大多数传统节日产品存在的通病。这些问题不是因为传统节日不再为现代人所需要，不是传统节日丧失了自身价值，而是要求传统节日也能够像那些西方节日一样，有多样的乐趣，有吸睛的色彩，有更多的参与性或互动性，最重要的是能产生惊喜、带来快乐。

以元宵节为例，每年农历正月十五，各地有吃元宵、闹花灯、猜灯谜、耍龙灯、踩高跷、舞狮子、划旱船、送花灯、迎紫姑、走百病等习俗，然而由于居住环境的变迁、上班或上学时间的限制，这些习俗已逐渐消失，乃至仅剩下吃元宵一种活动了。然而，元宵节的文化内涵却十分深厚，活动样式也十分丰富，可以开发的产品空间也极其宽阔。譬如，在“吃”的方面，由于元宵历来都是脍炙人口的民间小吃，那么采用不同的用料、制作和包装等就可以开发出种类繁多的元宵食品，“食品”其实可以成为非常重要的文创产品；在“玩”的方面，虽然诸如闹花灯、耍龙灯、送花灯、放草火的传统项目已经罕见，但现代技术提供了这些传统娱乐再现的可能，元宵节花灯过去只能使用蜡烛光源，而现在可以轻松地辅以声、光、电甚至智能化的手段；同时，元宵节之于灯火的关系还是一种佛教传统，蕴含的是“燃灯供佛”之意；而“灯”在许多地方方言中又与“丁”谐音，因此在元宵节前，娘家送花灯给新嫁女儿家，或一般亲友送给新婚未育之家，寓意添丁吉兆。这样的习俗不会过时，只不过被现代人遗忘了。现代人如果要送灯，不再需要自行用竹篾丝糊纸来制作，各种新材料和新工艺为元宵灯饰品提供了创意空间（图 5–2）。因此，尽管功能性与审美性是产品时代性的必然要求，但功能性与审美性设计并不是唯一的创意途径。对传统节日的起源、传统节日用品的文化内涵的追溯与挖掘，可以获得更加契合人类精神需求的产品。

这里的关键在于如何契合消费者的心灵需求，就是如何以功能、外观和文化内涵去感动消费者，而不是以单纯的美感或奇特的造型来标新立异。所谓的时代性就是时尚性，而时尚化的路径是对经典的运用，经典纹样、吉祥图案或民族色彩等在流行文化不断迭变的当代反而更加容易被消费者接受，原因就是经典之所以经典，已历经千百年的洗礼或锤炼。不过，经典运用并非简单复古，而是在传统中淬炼精华，按照现代审美原则进行再设计。诚然，时代性离不开功能的开发或创新，数字化、移动化的生活方式需要更具互动性、趣味性、多样性的产品应用，包括更多的互动性、装饰性、鲜明的节日特色以及节日情感表达，也离不开新技术、新材料、新工艺、新形式乃至新思想的运用，以及对西方文化环境中的优秀产品开发经验的借鉴。

图 5-2　新式创意花灯

3. 事必吉祥：产品的民俗性

百里不同风，千里不同俗。这里的“风”与“俗”指的是在不同地域流行的风尚与习俗，因此民俗即民间文化，是在长期的生活或社会实践中逐渐形成的，经过代代相传而成为相对稳定的文化传统。由于中国地域广大，所以各地的传统节日虽然称谓相同，但活动形式、使用产品乃至图案或色彩的象征意义等未必相同，这是传统节庆文创产品设计过程中需要注意的问题。

以端午节为例，虽然诸如包粽子（图 5-3）、竞龙舟、悬菖蒲艾叶、拴五色丝线、饮雄黄酒、佩香包等习俗基本一致，但各个地方还有一些独特的文化项目。譬如南京人要在端午节以加入少许雄黄的清水洗眼，以保一年没有眼疾；常州人晚上要在龙舟四面悬上小灯竞渡，且有箫鼓歌声相和；嘉定人不论贫富，端午节必买石首鱼煮食；福建人的习俗更多，有煮粽水洗身、熏黄烟、送鱼、舞蹈、兰草水洗浴、草药午时茶、捉鸭子、吃桃子、吃煎堆、吃碗太平燕等等，旧时媳妇还以寿衣、鞋袜、团粽、扇子进献公婆……

图 5–3 包粽子

这些不同习俗虽然为文创产品的本土化或差异性设计提供了丰富的素材，但是有时候不同的地方风俗可能会在“禁忌”方面产生冲突，因此产品设计师在产品策划的过程中要对产品的目标市场及其文化禁忌做深入细致的调查分析。

再以元宵节为例，北方的“元宵”是滚出来的，要将和好、凝固的馅切成小块扔进盛满糯米面的笸箩内滚，寓意是“滚出好兆头”；南方的“汤圆”是包出来的，就像包饺子一样要把馅包到皮子里，寓意“包团圆”。再如北方人过年时喜欢吃冰糖葫芦、西葫芦水饺、黄金葫芦包，也喜欢把玩或佩戴葫芦摆件，原因是葫芦谐音“福禄”，可以添福气；南方人则喜欢在过年时购买大桔摆放，粤语中“大吉”与“大桔”发音相同，因此寓意大吉大利。在传统节庆文创产品设计中，如果能对这些地域民俗细节有准确的把握，并加以放大或演绎，可以提升产品对特定的消费人群的亲和力、接受度，使之成为有“温度”的产品。

民俗文化并不是一成不变的，随着时代的变迁，尤其在现代社会的高速发展和融合中，各个地方的民俗文化差异日益缩小，传统文化节日的风俗习惯和活动内容都处在不断的变异过程中，因此设计师应随着时代潮流的变迁而设计出能够满足时下社会和市场需求的产品。但是，有些东西是相对稳定的，譬如人与自然的关系。中国的主要传统节日虽然各有起源的传说，但实际上都与太阳、月亮与地球的运行规律直接相关，这些节日的设置大多是根据对天文地理的长期观察和经验而形成的文化传统。譬如，端午节通常在立夏与夏至之间，而夏至正值太阳直射北回归线的时候，正如古人所说："日长之至，日影短至，故曰夏至，至者，极也。""蝼蛔鸣，蚯蚓出"，江南在这一时段将进入梅雨季，不仅导致农作物的湿害，也会引起多种病害的流行，因此要挂可驱虫禳毒的艾草、菖蒲，要饮雄黄酒以辟邪解毒，要在新生儿的房门挂艾虎以镇祟辟邪、保佑安宁，要拴五色丝线以集五方神力去邪祟、攘灾异，祈祷带来一年的好运。因此，传统文化节日的各地风俗实际上都体现了古人对于人与自然关系的尊重，其中蕴含着深厚的哲学、美学和科学价值，尤其是阴阳平衡、天人合一、道法自然的哲学思想。把这些中国传统哲学或美学思想融入传统节日文创产品中，是每一位设计师应当追求的境界。而融入的方法，一是要通过产品讲述节日背后的故事（即文化内涵），二是要投入情感，以新颖独特的创意思路为消费者送去吉祥祝福。

第二节　传统节庆文创产品设计路径

传统节庆文创产品的设计路径，就是把传统节日理解为"具有传统属性的现代节日"，一方面体现对"传统"的尊重，另一方面探索传统节庆文创产品的现代化呈现形式，充分利用现代物质和技术条件，设计出满足现代人日常需求的用品。换言之，传统节庆文创产品与各类文创产品一样，都是要实现历史传统与现实生活的连接，让传统节日习俗能够与现代生活方式自然融合，让民俗文创产品在生活世界中散发光彩。需要注意的是"事必吉祥"，传统节庆文创产品设计策略的特殊性就是对吉祥元素的正确运用。这些吉祥元素通常来自于古代器物或艺术品中的符号、纹样、图案、色彩或造型，必然连接着传统。由于这些吉祥元素多为经典，所以也是时尚设计之首选，而其蕴含的吉祥寓意、美好祝愿又连接着当代人的希望或梦想，是对现实生活和生命的赞美，寄托着对未来的期待。

吉祥元素的运用，也是一种情感化设计。传统节日带给人们的不仅是对传统价值观的体认与精神的弘扬，也是一种快乐、兴奋、激情和对生活的热爱。那么，传统节日文创产品就是表达人们对于生活的情感、愿望和理想，是强化传统价值认同的媒介。所以，吉祥元素运用就是让传统文化内涵融入节日活动中，并能延续到日常生活中，使消费者能够以轻松有趣的方式、愉悦美好的心情去解读中国传统文化的内涵，传递出积极向上的生活态度。

河姆渡文化遗址中的"双凤朝阳"纹样是目前发现的最古老的吉祥图案（图 5–4），一块象牙雕刻的装饰板上雕有两只相向的凤鸟，中间升腾起发出光芒的太阳。这一文物距今一万年左右，虽然用途不明，但吉祥寓意是明确的。因此，传统吉祥图案不会因时间的流逝而改变其基本的功能，不会受地域限制而丧失其艺术魅力，也不会受工艺材

图 5–4 “双凤朝阳”象牙蝶形器

料制约而改变其应用。然而，中国历代形成的传统吉祥图案数不胜数，举凡喜庆幸福、美满祯祥的主题，都是由山川树木、日月星辰、珍禽异兽、圣贤名将等图案或象征性纹饰构成，几乎涉及所有中国传统文化的内容，涵盖诸子百家、佛教和民俗各个方面，其显著特点都是以正面角度对事物进行肯定性的表现。这里从传统节庆文创产品设计的角度，采撷祈祝幸福、繁衍生命和祛避邪祟三类主题的几种经典图案，供产品设计时选用素材的参考。

1. 祈祝幸福

祈祝幸福类吉祥图案反映人性中最现实的生存诉求，寄托人们对于物质充裕、生活美满的渴望。这类图案是传统节庆用品中最常见的纹样，被广为认同和接受，体现了社会、家庭、财富与长寿四个方面的希冀。反映社会安定的吉祥图案有“风调雨顺”“国泰民安”“百鸟朝凤”“五谷丰登”等；反映家庭与个人幸福的吉祥图案有“连中三元”“状元及第”“六国封相”“一品当朝”等，主要是祈求通过努力，掌握本领，博取功名，以提升社会地位；反映对于财富的渴求的吉祥图案有“招财进宝”“金玉满堂”“聚宝盆”“摇钱树”等，通常采用钱币、金锭、银锭、元宝、珍珠等形象表现此类主题；反映对于健康长寿的祝福或祈祷的吉祥图案，有“鹤寿松龄”“耄耋之寿”“八仙庆寿”“仙桃祝寿”等。

（1）百鸟朝凤

凤是最早出现在吉祥图案中的神鸟，传说中的百鸟之王。雄为凤，雌为凰，羽毛五色，声如箫乐，生性高洁，饮必择泉，栖必择枝，常用来象征祥瑞。传统吉祥图案“百鸟朝凤”（图 5–5）是以百鸟比喻群臣辅弼明君，以凤比喻明君之威德，君臣有序，和顺相能，江山社稷即可太平祥瑞，安宁富强。与凤凰相关的传统吉祥图案还有“丹凤朝阳”“凤凰来仪”等，均可作为传统节庆产品的设计参考素材。

图 5–5 “百鸟朝凤”福字剪纸

（2）五谷丰登

“登”意为成熟，故“五谷丰登”（图 5–6）即粮食丰收，寓意社会安定。由于“灯”与“登”谐音，古人常以花灯形象作为工艺品的装饰纹样；以飘带或云彩象征风，谐音“丰”，合而“丰登”。这种表现方式在古代的织锦或日用瓷器中多有所见，清代的缂丝“灯笼锦”一般表现为仕女观灯图景，灯笼皆为葫芦形；偶尔亦有以一只蜜蜂绕灯上飞舞的图形来寓意“丰登”，而“五谷”则多以谷穗的实物形象呈现。

图 5-6　“五谷丰登”图案

（3）三阳开泰

人们以“三阳开泰”（图 5-7）或“三阳启泰”称颂岁首，祈祝新年吉祥。阳谐音羊，羊即祥也，古代宫廷中小车多称羊车，即取意吉祥。再加上羊的性情儒雅温和，自古是中国先民朝夕相处的伙伴，深受人们喜爱，且甲骨文之“美”字即呈头顶大角之羊形，是美好的象征，因此“三阳开泰”亦作“三羊开泰”。传统图案多以三只羊和一轮红日表现主题，或以三个男孩赶一群羊寓意三阳。民间陶瓷器皿也会在瓶罐周身均匀点缀三块红釉，以这种装饰方法来寓意“三阳开泰”。

图 5-7　“三阳开泰”雕塑

(4) 招财进宝

招财进宝的寓意直白，希冀财源广进，富贵有余。反映这一主题的图案极多，如“聚宝盆”“摇钱树”“发财还家”“金驹送宝”“刘海撒钱”“黄金万两”等。招财进宝的传统图案一般以金、银、珠、玉合为一图，或者作童子门画，两童子相向推车送宝，一般在春节年礼中用作装饰。

(5) 百事如意

“百事如意”图案是以柿子、百合、灵芝三者合作一图，百合与柿子谐音“百事”，灵芝状似如意，从而“百事如意”，象征诸事皆随心愿。若图案中只有柿子和如意，则为“事事如意”，柿子形象在传统吉祥图案中应用颇多。故宫博物院开发的“绮丝妙想窄长巾”，就是以“丝”与“柿”相叠加上灵芝图案来表达“事事如意”的喻意，其中的“柿子”与“灵芝”符号则取自于院藏清代《缂丝岁朝图》中的纹样。

2. 繁衍生命

生命的意义在于延续，因此尊崇祖灵、传宗接代在中国传统文化中是一种天经地义、无可厚非的文明意识。在中国传统中，多子多福的愿望受到各种观念的支持，从而成为传统中国社会的普遍的价值观。这种多子多福的生命繁衍观，最终都体现在对美满婚姻的祝福上，相关的图案有“龙凤呈祥”“二龙戏珠”“白头偕老”“百年好合”“鸳鸯戏荷”“螽斯衍庆”“早得贵子”“凤戏牡丹”等。

（1）麒麟送子

麒麟是古代传说中的仁兽，雄性为麒，雌性称麟，性情温和，鹿身，牛尾，马蹄，头上有角，全身披鳞甲，传说能活两千年。古籍记载的麒麟是有蹄而不踢，有额而不抵，有角而不触，认为麒麟出没处，必有祥瑞。多以麒麟为送子使者，而“麒麟送子”图案则多用于婚娶、催生等民俗活动中，意在祈祝早生贵子，多生贵子。

（2）瓜瓞绵绵

瓜瓞绵绵图案（图 5–8）由“蝴蝶”“瓜”“瓜蔓”等组合而成，多用于民间男女衣服、首饰及挂饰等，流行于明清时期。瓜指大瓜，瓞指未成熟的小瓜，图案多以瓜与瓞并置，有蝴蝶飞舞其中，取“蝶”与“瓞”谐音；瓜形无定式，或似西瓜，或似南瓜。

图 5–8 “瓜瓞绵绵”图案

（3）三多九如

“三多九如”图案以蝙蝠或佛手、桃、石榴、九支如意构图。以佛手（或蝙蝠）谐音“福”，以桃寓意“寿”，以石榴暗喻“多子”，表现“多福多寿多子”的寓意。九支如意谐意“九如”，语出诗经《小雅·天保》：“天保定尔，以莫不兴。如山如阜，如冈如陵，如川之方至，以莫不增。如月之恒，如日之升。如南山之寿，不骞不崩。如松柏之茂，如不尔或承。”因此，“三多九如”是汇聚人生幸福各个方面的祝颂之词。

3. 祛避邪祟

尽管现代科学技术的发展与知识普及已经让人类在许多方面拥有了利用自然或改造自然的能力，但是，自然灾害对于人类的威胁、各种各样的不安全因素以及对未来不确定性的忧虑等并未解除。地震、海啸、飓风、瘟疫等自然灾害仍不时对人类发起挑战，而对未来的担忧一直是人类社会所要面对的巨大压力。缓解压力的方式之一是信仰，而吉祥图案则成为各种信仰习俗的延伸，这其实是利用信仰的元素来祈祝吉祥。在这一类的吉祥图案中，大多数是以辟邪为主题，以老虎、狮子等猛兽作为祛避邪祟的主力，或者综合了狮、虎、龙的特点创作出辟邪的形象，譬如“虎镇五毒”“威震八荒”“挂艾虎”“蚕猫避鼠”等图案一直以来为民众所推崇，人们祈祀它们各显神通，降福人间。

（1）虎镇五毒

五毒指蝎子、蛇、蜈蚣、壁虎、蟾蜍，是民间传说中的害虫。古人认为五毒开始孳生的时间是在端午时节，因此这个时候人们会在屋角及各阴暗处撒石灰、喷雄黄酒、燃药烟，以灭五毒，驱秽气。民间有各种各样驱邪辟祟的工艺品，如一种普遍的驱邪辟祟方式“挂艾虎”，将艾草做成虎形，随身佩戴或挂在房门，可以镇祟辟邪，保佑安宁。中国古代视虎为神兽，《风俗通义》称：“虎者，阳物，百兽之长也”，并认为虎能“噬食鬼魅”，因此端午期间，民间要给小孩穿戴“虎镇五毒”兜肚（图 5–9）。

（2）蚕猫避鼠

江南养蚕，农家以鼠患为忧，旧日多供养“蚕猫”以趋避鼠害。蚕猫的造型基于真猫，多为泥塑彩绘，泥塑蚕猫（图 5–10）一般以模印为主，饰以彩绘，造型浑朴简洁，现在主要作为儿童玩具，产地主要在无锡、嘉兴、杭州一带；也有蚕妇自己用红纸剪出各式蚕猫图像，贴在花窗、墙壁或蚕匾上。

（3）暗八仙

“暗八仙”是一种道教图案，多出现在瓷器、织绣或建筑装饰上。“暗八仙”中的每一件法宝对应一位神仙：檀板（或玉板）、扇子、洞箫、葫芦、花篮、荷花、渔鼓（或拂尘）、宝剑分别对应于曹国舅、汉钟离、韩湘子、李铁拐、蓝采和、何仙姑、张果老、吕洞宾，每种宝物上系有丝带，十分别致。由于图案中只有法器而无人物，故称之为“暗八仙”。俗话说“八仙过海，各显其能”，这种纹饰的寓意，是要借八仙的法力扫除一

图 5-9 “虎镇五毒”兜肚

图 5-10 泥塑蚕猫

切妖魔鬼怪，保护器物主人平安顺遂、心想事成。

总之，文创产品只有融入了民间文化的内涵才能树立产品的精神气质。传统节庆产品更应在节日活动、饮食、仪式、礼品和用品中集中展示民族文化的精华，触摸民俗文化灵魂，回归文化根本，才能与日常生活中的大众建立起情感的交流，获得大众的接受和喜爱。这是文创产品所应具备的“温度”。博大精深的传统文化是传统节庆文创产品设计取之不尽、用之不竭的创意源泉。节日产品设计不是单纯的复古设计，而要满足现代生活需要。只有善于运用传统文化元素进行产品创新，才能创作出更具中国特色也更符合现代审美需求的产品。不过，尽管中国传统吉祥图案或纹样为文创产品设计提供了丰富的素材，但如何对其进行当代重构与创新设计，如何融入现代社会的实际生活中，依然需要在实践中摸索，在生活中检验，在产品迭代中完善。

第三节　中国传统节庆解析

中国传统节日主要有春节、元宵节、龙抬头、清明节、端午节、七夕节、中元节、中秋节、重阳节、冬至节、除夕等，还有一些古老的节日在局部地区保留了下来。例如，农历二月举办的“花朝节”，俗称“花神节”“百花生日”或“花神生日”，人们在节日期间结伴到郊外游览赏花，称为“踏青”，姑娘们剪五色彩纸粘在花枝上，称为“赏红”。三月初三的“上巳节”，是古代举行“祓除畔浴”的重要节日，人们结伴去水边沐浴，称为“祓禊”。清明节前一天为“寒食节”，是日禁烟火，只吃冷食。十月十五的“下元节”，也是祭祀祖先的节日，其来历与道教相关。腊月初八，“腊八节”，相传这一天是佛祖释迦牟尼成道之日，所以“腊八”本为佛教节日，后经历代演变逐渐成为家喻户晓的民间节日，各地有在腊八节喝腊八粥的习俗，已有一千多年的历史。腊月廿三被称为“小年”，人们都要在这一天前赶回家团圆，以求灶神祈福，全家来年平安。不过在各地风俗中，“小年”的日子并不相同，一般有“官三民四船五”的说法，即官家的小年是腊月二十三，百姓家的是腊月二十四，而水上人家则是腊月二十五。过“小年”的习俗表达出传统中国人辞旧迎新、迎祥纳福的美好愿望。

今天的人们之所以觉得传统节日失去了该有的气氛，其实是由于遗忘或放弃了传统节日中所蕴含的丰富意义与人们的日常生活之间的关系，使本应该是精神活动的节日变成了完全物化的商品促销日：元宵节变成了汤圆促销节，端午节变成了粽子促销节，中秋节变成了月饼促销节……到处都是一样的外形，一样的符号，却缺少了精神、灵魂，也缺少了创意和温度。

传统节日文创产品创新设计的难点在于如何处理好继承与创新的关系。什么是必须继承的，什么是可以改变的，创新设计并不是天马行空地自由发挥。创新意味着重构，而重构的路径主要有：“造型”的改变；“纹样”或图形的改变；多种文化元素的嫁接；个性化、卖萌化、适应当代人的审美情趣；现代表现手段（如材料、媒介或样式）的改变。

我们将中国传统节日按照节令的时间先后分为四个部分来叙述。“立春”前后的传统节日，万物更生，代表着温暖生长，主要有除夕、春节、元宵节等，因此文创产品开发主题应以“迎祥纳福”为主；“立夏”前后的传统节日，雨水充沛，暑热将至，是生命力最旺盛的季节，主要有清明、立夏、端午、夏至等节日，文创产品主题以“赏花踏青”为主；“立秋”前后的传统节日，草木开始结果孕子，收获的季节到了，主要有七夕节、中元节、中秋节、重阳节等，文创产品主题以“丰收感恩”为主；“立冬”前后的传统节日，秋收冬藏，到了享受丰收、休养生息的季节，主要有下元节、冬至节、腊八节、祭灶节等，文创产品主题以“春生冬至”为主。

1. 迎祥纳福

春节被认为是岁首，出于万物本乎天、人本乎祖的观念，上古时代就有各种祈年祭祀、敬天法祖的活动，迄今保留了除旧布新、张挂桃符（图 5–11）、驱邪攘灾、拜神祭祖、纳福祈年等主题的传统习俗。

古代中国曾经以二十四节气中的“立春”为岁首。当北斗七星的斗柄指向寅位时为立春，意味着春天的开始。辛亥革命之后，确定以位于立春节气前后的正月初一为春节，因此春节依然象征着春天即温暖与生长的开始。

图 5–11　桃符

然而中国人对于“过年”的传统认知并不限于正月初一，而是从年末廿三、廿四“过小年”始，一直要持续到正月十五“闹元宵”止，其中每一天都有特定的文化意涵与丰富的活动内容。

廿三、廿四过小年是“忙年”的开始，主要内容是扫尘与祭灶。除夕是岁末最后一天夜晚，阖家团圆，祭祀祖先，年夜饭后给小辈派发压岁钱。正月初一是迎喜接福、祈求丰年的日子，早晨开门大吉要先烧“开门炮仗”，碎红满地，灿若云锦。然后依次给尊长拜年，继而同族亲友互致祝贺。

正月初二到十四的每一天的活动内容在南北各地虽有差异，但文化内涵基本一致。例如，初二是出嫁的女儿回娘家的日子，新婚夫妻同行，携带礼品与红包，俗称“迎婿日”。初五是五路财神的生日，要迎接财神进家，保佑自家新的一年财源滚滚、年年有余。初七是“人日”，古代人日有戴“人胜”的习俗，人胜是一种头饰，又叫彩胜、华胜。初九是“天日”，有些地方的妇女要备清香花烛、斋碗，摆在天井巷口露天地方膜拜苍天，求天公赐福。“过年”的活动在正月十五达到高潮，内容有赏灯、游灯、押舟、烧炮、烧烟花、采青、闹元宵等。

由于节日内容的丰富性，以“春”为主题的传统节庆文创产品的创意空间十分广阔，文化内涵既有迎祥纳福，又有团聚怀旧。

2. 赏花踏青

这一季节的传统节日以清明、立夏、端午、夏至等为代表，基本特征是“旺盛的生命力”，其中最重要的是清明与端午。

清明是二十四节气之一，《淮南子·天文训》云：“春分后十五日，斗指乙，则清明风至。”按《岁时百问》的说法：“万物生长此时，皆清洁而明净。故谓之清明。”清明一到，气温升高，雨量增多，正是春耕春种的大好时节。而清明节则是我国最重要的祭祀节日，是祭祖和扫墓的日子。按照旧的习俗，扫墓时，人们要携带酒食果品、纸钱等物品到墓地，将食物供祭在亲人墓前，修整坟墓、培添新土、清除杂草，将食物供祭在祖先墓前，再将纸钱焚化，然后叩头行礼祭拜。中国人自古以来有着强烈的家庭观念，尤其重视家族、祖先，对祖先的崇拜、返本归宗的意识特别浓厚，而祭扫祖先是对先人的特殊缅怀方式。

与清明节相关联的还有“寒食节”与“上巳节”两个习俗。寒食节的历史非常久远，直到唐代之后才与清明节合而为一，主要是禁烟火、只吃冷食，后来逐渐增加了上坟祭扫、秋千、蹴鞠、牵勾、斗鸡等风俗。上巳节俗称“三月三”，是祓禊的日子，洗濯去垢，消除不祥，古代称之为“除恶之祭”；上巳节又称“女儿节”、桃花节，女儿们“上巳春嬉”，临水而行，在水边游玩采兰，穿上漂亮的衣服，踏歌起舞，以驱除邪气。

端午节通常被认为是纪念屈原、伍子胥的节日，形成了赛龙舟（图 5–12）等一系列节俗活动，其起源可能涵盖了古老星象文化、人文哲学等方面内容，蕴含着深邃丰厚的文化内涵。然而，端午之“端”意为“正”，所以又称“天中节”，原因是端午节恰在夏至前后，此时太阳运行至黄经 90°，太阳光线直射北回归线，是北半球白昼时间最长的一天。“日长之至，日影短至，至者，极也，故曰夏至”。

因此，清明、立夏、端午、夏至等节日实际上是中国人对于“天、地、人”和谐合一、讲究顺应天时地宜、遵循自然规律的传统价值观的体现。那么，与“夏”为主题的文创产品开发，既要在形式上满足“赏花踏青”的活动之需，也可在内涵上融入“天人合一”思想的表达。

图 5–12　赛龙舟

3. 丰收感恩

七月初七有七夕节、七巧节、乞巧节、女儿节等多种称谓，一般认为由星宿崇拜衍化而来，也有认为是时间数字崇拜或生殖崇拜的体现。譬如，《周易·复卦》有“反复其道，七日来复，天行也”，所以“七七相遇”代表着去而复来，代表着生命的轮回，现代人将七夕节当作浪漫的中国情人节，同样蕴含着“生命延续”之意蕴，与“丰收感恩”也是相合的。因此，这一主题的文创产品应以“喜悦”为基本的调性来设计。

中秋节源于古人在秋分时节的祭月传统，古代称之为“祭月节”，内容既包括祭月、赏月、吃月饼、玩花灯、赏桂花、饮桂花酒等习俗，也包括在中秋或立秋之日敬老、养老的活动，实际上是人们在获得丰收之后，那种喜悦与感恩心理的一种表现形式（图 5-13）。

丰收感恩可以有不同的层次：首先是感恩天地，所以要赏月、追月，并且衍生出诸如嫦娥奔月、吴刚伐桂、玉兔捣药等神话故事；其次是感恩家乡，所以中国人有每逢中秋思故乡的情节，让中秋节成为“团圆节”；再次是感恩父母，本质是对生命的敬畏。民间谚语云：“八月摸个秋，摘柚抱瓜不算偷”，意思是中秋月夜偷摘他人田园的果实不算偷，因为送子娘娘会在这一天下凡，凡是没有生育的已婚妇女摸秋，只要不被发现，就可早得子女……

图 5-13　中秋庆丰收

4. 春生冬至

“夏尽秋分日，春生冬至时”。冬至，俗称“冬节”“长至节”或“亚岁”，有些地方也被称为“小年”。冬至通常在公历 12 月 22 日左右，此时太阳运行于黄经 270 度，几乎直射南回归线，其辐射量和日照时数到达最低点，北半球迎来一年中白昼最短的一天。过了冬至，太阳逐渐北移，北半球白天会一天天变长，因此早在春秋时代，中国先民就称之为“日短”“日短至”，并且将其作为计算二十四节气的起点，民间历来有“冬至大如年”的讲法。

因此，冬至之“至”是极致的意思，阴寒达到极致，天最冷；阳气始至，气温逐渐上升；太阳行至最南处，所以昼最短，夜最长。从这一层面来看，冬至其实是新的一年的开始。冬至一到，新年就在眼前，所以古人认为冬至的重要程度并不亚于新年。所以漂泊在外地的人到了这时节就要回家过冬至节，意思是“年终有所归宿”。

冬至的民俗南北古今各异。古代人在冬至到来之后开始数“九”，文人墨客喜欢搞消寒活动，择一“九”日，相约九人饮酒，席上用九碟九碗，成桌者用“花九件”席，以取“九九消寒”之意。相传医圣张仲景告老还乡时看到受冻的百姓，便用羊肉和一些驱寒药材以及面皮，包成像耳朵的样子，做成一种叫“驱寒娇耳汤”的药物，施舍给百姓吃。后来每逢冬至，人们便模仿做着吃，形成了习俗。

所以在北方一些地区，每年冬至日有吃饺子的习俗。在南方沿海部分地区，冬至日至今仍有祭天祭祖的习俗，祈福来年风调雨顺，家和万事兴。江南地区取冬至团圆之意，盛行吃冬至团（汤圆）。每逢冬至清晨，各家各户磨糯米粉，用糖、肉、果、萝卜丝等做馅，包成冬至团，不但自家人吃，也会赠送亲友以表祝福之意，民间有“吃了汤圆大一岁”的说法（图 5-14）。

图 5-14　冬至水饺、汤圆

江南苏州、无锡等地区至今盛行冬酿酒，这是一种米酒，加入桂花酿造，香气宜人。在寒冷的冬天，冬酿酒不仅能够驱寒，更是寄托了人们对生活的美好祈愿。山东地区的冬至民俗是吃羊肉，在闽南地区则在冬至享用姜母鸭，台湾地区保留了用九层糕祭祖的传统。

实践课题：春节年礼系列

“春节年礼”系列文创产品设计

1. 实践目的：基于本章节对中国传统节庆文化的描述，以及对传统节庆文创产品设计素材的整理，以“春节”为主题，进行年礼文创产品设计，注意体现产品的仪式感、时代性、民俗性。

2. 设计思路：“春节”传统元素提取；产品品类需求探索；传统元素再设计；产品创意设计。

3. 设计流程及要求：以春节为设计题材，设计“春节年礼”文创产品，包括 2–5 个品类，每个品类至少包括 2 个产品。

（1）收集 20 种不同品类传统节庆文创产品，作为参考。

（2）要求设计的每一件产品具备生活日用功能，各品类以某种关联性形成系列。

（3）为每个产品撰写设计灵感来源和产品宣传文案。

（4）记录并提交创意与设计过程，包括设计草图、效果图。

（5）完成实物样品或模型的制作。

第六章

旅游纪念文创产品设计

旅游纪念文创产品（简称旅游纪念品）特指文创产品中服务于旅游者，具有纪念或证明功能的一类产品，可以在未来的日子提醒旅游者记住那段不同于日常生活的旅行经历。换言之，旅游纪念文创产品是具有“纪念”和“证明”意义的旅游商品，而不是仅供人们欣赏的艺术品。为了满足这一目的，旅游纪念品必须充分体现旅游目的地的地域风貌或历史文化传统，承载人们对美好生活的回忆和纪念。

因此，旅游纪念品并不涵盖旅游产业生产的所有商品。通常所说的“旅游产品”既包括旅游纪念品，也包括旅游产业中所有有形的商品以及无形的服务。同时，旅游纪念品也不同于所谓的“旅游购物品”，旅游者在旅游过程中的购物行为对象，不一定都是旅游纪念品，大多数情况下是旅游过程所必须的消耗品。旅游纪念品也不同于在网络电商平台购买的文创商品（譬如博物馆文创产品、传统节庆文创产品或其他类型的文创产品），在电商平台所购买的文创产品并不具备“到此一游”的证明功能。换言之，旅游纪念品的购买行为应当是发生于旅游目的地的消费行为，才能为某种特殊的旅游体验产生纪念意义。这种特殊的旅游体验一定来自于旅游目的地，来自于与旅游者日常生活空间或生活方式异质性的经历，因此地方性是旅游纪念品的基本特征。

第一节　旅游纪念文创产品需求特征

传统的旅游纪念品主要是具有地方特色的工艺品和土特产。那些来源于民间的淳朴稚拙的传统工艺形态真正原汁原味地体现了传统生活方式的审美趣味，并且通过象征、比拟、谐音等手法，经过能工巧匠的巧妙布局或精湛细致的刻画，彰显出人们乐观、追求美好生活的强烈愿望。然而，一方面，传统工艺在当代逐渐脱离了现实生活，无论功能与审美都需要重新与当代生活世界实现再连接。另一方面，传统工艺的天然材料、手工制作方式与手艺传承都不再能满足大众市场的需求。因此，旅游纪念文创产品设计就是要突破这一瓶颈，重新定义旅游纪念品的概念。

从文创产品设计的角度来看，旅游者在旅游过程中购买的、具有旅游地显著特征的、富有纪念意义的旅游商品，都可以称为旅游纪念文创产品。对于旅游者即消费者而言，凡是能唤起旅游者在异地空间特殊旅游经历的物品都可以归入纪念品的范畴，那么诸如旅游目的地门票、车票、相片、纹身、石头等物品都是异地游览经历的见证，因此都可以称之为旅游纪念品。这是一种广义的理解。从狭义的角度来看，也就是对于产品设计师而言，只有那些能够被商业化生产和游客购买，提醒旅游者特殊旅游经历的、有形的物品，且能够挑起旅游者消费欲望的产品，才属于旅游纪念文创产品。不管从哪个层面来看，地方性和纪念性都是旅游纪念文创产品的本质属性。消费者的消费欲望和消费动机必然来自于消费需求，具备纪念价值的纪念品在每一个旅游目的地都目不暇接，旅游者显然不会对所有的产品产生消费需求。因此，我们依然要从消费者的消费心理出发，来制定旅游纪念品的设计策略。

1. 旅游纪念品的购买动机

旅游纪念品购买动机有三种：首先是作为礼品，其功能主要是“分享”，与亲朋好友分享旅游过程中的经历，本质上是一种快乐的分享；其次是作为记忆载体，其作用是“提示”，无论这一次旅游体验过去了多少时日，只要看到该物就会引起旅途的记忆；再次是出游证据，其功能就是“证据”，是向他人证明自己曾经到过的地方的依据。然而，这些动机仅仅是针对旅游纪念品的“纪念性”而言，是一种比较高级的消费需求层次。大多数消费者并不都处于这一层面上，因此具备纪念性特征的文创产品，并不必然会转换为实际消费行为。那么，促使消费行为的动机应当还有更基本的因素。

这些基本因素与其他类型文创产品是一致的，包括产品的可用性、艺术性、时尚性、现代性与差异性等方面。就可用性而言，并不是为产品加上了某种功能就符合了实用性要求，还要看这一功能是不是当代日常生活方式必须，是不是所承载的功能是其他产品所没有的，或者是更优的。也就是说，这一使用功能的可用性是不是具备独特之处。以小学生的书包为例，一般认为书包的功能就是收纳教科书、作业本和文具盒，但是，日本小学生的书包（图 6-1）却并不如此简单。书包的材料、人体工程学、制作工艺不仅大为讲究，而且现在还增加了 GPS 定位功能、防汽车冲撞功能、防落水漂浮功能、防地震护具功能、反光条功能等，这些功能都是每一个学生家长所期待的。在材料的选择上，日本小学生书包最初都用真皮，但为了减轻重量，改成了人造皮。在世界各国游客特别是中国游客眼中，日本小学生书包已成为赴日旅行必买清单上的大热物品。因此，文化创意产品可用性的关键在于其功能是不是消费者需要的，是不是符合使用者的身份，是不是可有可无的，是不是从使用者的角度出发进行了取舍。

图 6-1　被称为“守护神器”的日本小学生书包

再就艺术性而言，旅游纪念品并不是艺术作品，消费者不会以纯艺术的眼光看待旅游纪念品，也不会以艺术风格或艺术思想作为消费依据，而更在意产品的质感、色彩、图案或造型的自然性、在地性或特殊性，在意设计师或制作者在产品中所融入的认真、细腻、执着或者质朴的品质，因此，设计师的工匠精神通常是消费者喜爱或接受旅游纪念品的一个重要因素。诚然，旅游纪念品的艺术性价值也会通过产品的趣味性表现出来，旅游纪念品的消费者往往是因为产品的趣味性所带来的“惊喜”能满足个人的审美情趣，因为造型或图案的可爱或有趣能带来“快感”，才想把玩它，才想拥有它。

再就差异性而言，既表现在功能的差异性、材质的差异性或形式的差异性上，也表现在旅游目的地的文化特色上，即地方性因素。譬如，当旅游目的地为江南城市时，产品的纪念性一定体现在该地文化特色上，既可以用自然山水或非物质文化遗产来表现，也可以用土特产或饮食文化来体现。问题在于设计师所理解的特色文化是否就是旅游者所体验或领会到的特色？在许多北方游客的眼里，水是江南文化最重要的特征，而水乡是江南的典型代表（图 6–2），但在更为南方的游客看来，水就不再是它的特征。江南的地域范围主要是太湖流域，但太湖周边的城市譬如无锡、苏州、常州、嘉兴、杭州、湖州等，虽然传统上都是“鱼米之乡”，但是每座城市给旅游者留下的感受却是不同的。因此，对不同地域文化的差异因子的研究、筛选和甄别是旅游纪念品设计的一项重要的基础性工作，设计师要从旅游者的角度找到这些城市的差异性，才能将差异性的文化元素进行巧妙处理，设计出有文化特色的旅游纪念品。

图 6–2　“江南水弄堂”无锡南长街古运河夜景

2. 旅游纪念品的场景分类

如前所述，在电商平台上购买的文创产品由于没有“到此一游”的证明功能，从而丧失了身临其境的现场感，所以严格而言不能被称为旅游纪念文创产品，那么旅游纪念品的需求特征一定与旅游目的地的场景性质相关，在不同场景中购物，由于旅游体验不同，实际上消费者群体的类型也有差异，所以一定会产生不同的消费需求。

旅游纪念品的消费场景大体可分为博物馆旅游纪念品、公园或景区旅游纪念品、主题公园旅游纪念品、城市形象或非物质文化遗产旅游纪念品等类型。博物馆旅游纪念品是博物馆文创产品中的一个主要类别，虽然不少博物馆现在都开设有网上销售平台，但对消费者而言，大多数消费行为还是取决于消费者对于博物馆的了解程度、博物馆本身的品牌影响力以及产品的功能品质。在参观了博物馆展品之后，消费者会根据自身参观体验进行判断，并选择具有纪念意义的产品。因此，纪念性依然是影响消费行为的主要因素，但开发思路或策略并无二致。

公园、景区或主题公园的旅游纪念品，与博物馆文创产品有一定的区别。首先是旅游者群体的差别，博物馆的参观者大多数是对艺术、历史或地方文化特征等有一定兴趣的人，以知识汲取为主旨；而公园与景区的参观者大多数对自然山水、娱乐项目或特色服务等有兴趣，以休闲娱乐为旨归。其次是象征符号或文化内涵方面的差别，博物馆内每一件藏品都是过去社会生活方式的某一碎片，已经是经过了岁月淬炼的“经典”，因此每一件藏品的造型、结构、纹样或图案都可以用来作为文创产品的设计元素，它们传递的并不是博物馆本身的故事，而是属于整个人类历史的故事；公园或景区无论是传世的建筑或器物，还是仿古的园林或山水，大多经过世人的修正、篡改或臆造，所展示的可能是现代人的生活方式或想象中的古代或未来的生活方式，因此并不是每一座建筑物、每一株草木、每一件器物都可以成为文化的象征，都能用于产品设计。譬如，无锡鼋头渚的樱花谷虽然已经成为国内著名的赏樱景点之一，但樱花并不能单独作为鼋头渚公园的标志，也不能作为无锡城市的象征物。若要以樱花作为鼋头渚旅游纪念品的设计素材，依然需要其他有鲜明鼋头渚特征的元素的搭配。再如，虽然旗袍早已不再是现代人的主流服饰，但作为民国老上海生活方式的一个标志却保留在了人们的记忆中。

旅游纪念品的一个非常重要的大类是以非物质文化遗产的文化素材或制作工艺来开发的文化创意产品。非物质文化遗产往往与一座城市或一个特定的地域文化紧密关联，因此城市形象宣传品或城市旅游纪念品往往以这座城市的非物质文化遗产作为主要的设计素材来源。不过，虽然非物质文化遗产纪念品同时可以作为城市礼品和纪念品使用，但后者可以选择的设计素材则更为广泛，既可以取自于当地博物馆的镇馆之宝，也可以取自于主要的公园或景区，还可以取自于标志性建筑或自然山水景观。但是，所有这些方面选取的素材一方面未必能契合城市的文化特质，另一方面未必能彰显不同城市的差异。譬如，虽然可以用西湖比杭州，以太湖比苏州，但没有三潭印月（图 6–3）的西湖湖面不会使人联想到杭州，因此在形象特征上，杭州区别于苏州实际上并不在于西湖本身。再如，传统上会以虎丘斜塔代表苏州，以锡山龙光塔代表无锡，但随着社会的发展，两座城市的天际线与标志性建筑都发生了变化，甚至许多旅游者已经不再去看虎丘塔，也不再去看龙光塔。换言之，旅游纪念文创产品开发要基于当代旅游者的旅游行为习惯，重新挖掘城市的象征物；而在经济发展的洪流中，各地政府或旅游部门也希望重新寻找能够代表城市文化根本特质的象征符号，作为城市宣传的新符号，这也为文创产品设计师带来了新课题。这一课题的基础是对城市传统文化进行挖掘、梳理和提炼，以找到城市文化的灵魂或核心所在，这也是展开城市形象纪念品或礼品设计策划的前提。

图 6–3　三潭印月

第二节　旅游纪念文创产品设计路径

旅游纪念文创产品的设计路径在于地域特色文化资源的挖掘。每个城市都有自己的特色，通常会以山水、建筑、历史人物、花卉植物、动物、历史事件或传说故事等作为城市名片，融合当地著名的手艺、特产或其他文化特质作为城市的身份识别，而旅游纪念品会作为这张名片的载体而成为城市形象纪念品，可以帮助旅行者记住并回忆旅游目的城市的山和水、人和物。因此，城市旅游纪念品的独特之处在于地方特色，就是要对城市传统文化的挖掘、梳理和提炼等方面开展深入的研究，从中找到与其他城市不同的特征。

这一工作通常需要设计师与艺术或人文等不同学科的研究者共同参与，从历史中梳理地方文化的基本脉络，从生活中发现地方文化的特殊之处，通过采用地方原真性的材料、地方传统工艺、历史人物或传说故事来展开纪念品的差异化设计。虽然诸如时尚性、年轻化、趣味性、未来性、生动性、现代性等都是文创产品设计必须考虑的因素，同时还要主动融入新技术、新材料、新工艺与新思想，但这些因素的考虑与一般文创产品并无二致，而地方性则是旅游纪念文创产品尤其是城市形象纪念品设计最突出和基本的问题。因此，本节以无锡为例，示范城市文化挖掘与提炼的过程。这一过程分为三个步骤，首先是搜集当地各种旅游纪念品、土特产等特色产品，从中找到这些特色产品的共性因子，然后从共性因子中发掘城市文化的根本特征，最后重构城市文化的象征符号。

1. 搜集地方传统特色产品

就城市或特定地域而言，传统旅游纪念品往往由地方土特产充当。土特产包括“土产”与“特产”两类，土产是指农副业产品和部分手工业产品，特产是指土产中具有独特品质、风格或技艺的产品。这些产品可分为传统工艺品类、特色农产品类、美食小吃类及其他特产类。具体而言，传统工艺品类，譬如南京云锦、景德镇瓷器、苏州刺绣、杭州织锦、宜兴紫砂、扬州漆器、惠山泥人、佛山剪纸等；特色农产品类，包括蔬菜、果品、粮油、饮料、花卉、纤维、中药材、草食牲畜、猪禽、水珍等，譬如吉林人参、北京果脯、绍兴霉干菜、镇江香醋、黄岩蜜桔、张家界葛粉、重庆老腊肉、金华火腿、溧阳凤鹅、南京板鸭等；美食小吃类，如北京烤鸭、苏州松鼠鳜鱼、云南过桥米线、西湖醋鱼等；其他特产类，如连云港东海水晶一类的矿物产品。

以江苏无锡为例，传统工艺品主要有惠山泥塑、宜兴紫砂、宜兴青瓷、锡绣等。这些传统工艺品可被归纳为两类：一为泥土作品，一为刺绣作品。惠山泥塑和宜兴紫砂早已享誉华夏，而宜兴青瓷的历史同样辉煌，甚至有专家声称中国最早的青瓷始于宜兴地区。根据骆驼墩文化遗址的考古发现，这里的先民早在6500年前已经开始制陶。《江苏省志·陶瓷工业志》认为这里在西周时期开始生产“原始青瓷”。从考古实物来看，宜兴青瓷在汉代就已存在，唐代宜兴青瓷制品已名满天下，成为皇家御品。此外，目前在无锡城区中心地带还保留有108处烧制砖瓦的古窑群遗址，明清时代的皇家庭院用砖多出自这一窑群。泥塑、紫砂、青瓷这三种传统工艺虽然所用泥料性质不同，但毕竟都是泥土，且无锡地区这三种“土制品”工艺水平都堪称登峰造极。虽然无锡还有如留青竹刻、纸马等传统工艺，但要么来自其他地方的播迁，要么历史相对短暂，因此联系惠山泥塑的文化传统与宜兴陶瓷的显赫历史，“土”是占据无锡文化核心地位的因子。

除了“土”之外，还有一种地位相当的材料就是“丝”。无锡素有“丝码头”美称。虽然这一称谓出现于近代，但无锡地区桑蚕养殖、丝织业与刺绣工艺的起源可以追溯到上古时期。刺绣工艺的确切起源虽然不可考，但联系泰伯奔吴“断发纹身”传说，可以依稀发现其中关联。断发纹身是应对水乡泽国自然环境的一种生存技巧，在一个四面八方都是湖荡、沼泽与稻田的世界里，插秧、捕鱼都是水上劳作，为了应对各种各样的水生动物，人们必然要伪装自己，所以有了“纹身”习俗。据考，泰伯时期的纹身并非是在皮肤上涂上彩色颜料，而是要“刻画肌肤造成终身留存的花纹”，因此有研究表明，作为装饰的刺绣技术其实跟古人纹身习俗有直接关联。刻画肌肤必然需要高超的技术，而江南刺绣的技艺也在无锡达到极致，产生了精美绝伦的“锡绣”（精微绣）（图 6–4）。

图 6–4　“锡绣”作品

2. 探索地方文化本质特征

以中国历史文化名城——无锡为例，如果说“土”是无锡文化的核心因子之一，那么无论是泥塑还是陶瓷都离不开水；如果说刺绣技艺与“断发纹身”相关，那么精微绣这一艺术奇葩同样与水相关，实际上刺绣用丝必然需要经过缫丝工艺，一定离不开水；而无锡人的主要食物主要是稻米和鱼虾，都是水生“产品”。虽然油面筋的原料是小麦，但作为无锡特产的“清水油面筋”（图 6–5）的制作工艺的关键步骤是“水洗”（面粉经水洗成为水面筋，水面筋经油炸膨胀而成金黄色的清水油面筋）。因此，如果说古代无锡地区是一个水乡泽国，那么今天的无锡依然保留了许多带有塘、埭、埒、渎、墩等字的地名，当代无锡人的生活方式依然与鱼米稻香息息相关。在整个太湖平原，唯有无锡的老城区几乎濒湖而建，也只有无锡的古运河穿城而过。相传，伯渎河在 3000 多年前就已开挖，而伯渎河与大运河的交汇处就在城中心的清名桥处。直至 20 世纪 80 年代之前，无锡还是一座标准的水城，至今依然保留了众多以溪、河、浜、桥等命名的城区道路。

图 6–5　无锡特产“清水油面筋”

至此，我们可以把无锡的文化特色总结为两句话：（1）无锡有点甜；（2）无锡充满温情和水。

这两句话曾经是无锡的旅游宣传语。无锡充满水是毋庸置疑的，现在的无锡已经是水在城中流、城在湖中央了；无锡有点甜也是世所公认，水是甜的，甚至过去在没有雾霾的日子里，人们以为空气也是甜的。那么温情来自于哪里？温情既来自于甜，也来自于水，还来自于纤弱柔然的丝，来自于无锡女红的精微细致。

实际上，温情还来自于无锡源远流长的人文情怀。自泰伯奔吴带来西周文明，挖伯渎河，通古吴水，治芙蓉湖，杨时讲学东林书院，顾宪成倡导读书、讲学、爱国、经世济民，一直到唐文治建“国学专修馆”（图 6–6）为新中国培养了大批文史人才，还有艺术领域王羲之、顾恺之、李绅、倪瓒等为世人留下的书画诗文，一直到二胡曲《二泉音乐》，无一不是中国文化艺术史上的巅峰之作，而整个 20 世纪从无锡走出去的人才更是遍布于文学、史学、经济、科技、教育和艺术各个领域，成就璀璨夺目。无锡民族工商业的兴起也是植根于这一肥沃的文化土壤，以荣德生为代表的民族资本家所秉持的正是东林学人所倡导的“经世济民”思想，这是一种对民族、国家和普罗大众的温情。

图 6–6　原无锡国学专修馆

因此，无锡城市文化的本质特征可以概括为三个方面：一是水润，二是甜美，三是温情。然而，虽然水是可以通过视觉或触觉感知的对象，甜是可以通过味觉体验的味道，温情是可以通过心灵感受的体验，但要把这些文化特质运用到旅游纪念产品的设计中却并不容易。

水之特质在于“处众人之所恶，利万物而不争”，简而言之是“柔”与“善”；温情脉脉带来的是温暖、温柔、情感或情义，给人以“温婉”“浪漫”之遐想；甜美的生活是每一个现代人对“幸福”“快乐”的希冀，也是文创产品本质性的功能追求。这些因素——柔善、浪漫与幸福，综合起来，就是一种“诗性”的生活方式，即德国古典浪漫主义诗人荷尔德林所说的：“人，诗意地栖居在大地上。”

3. 重构地方文化象征符号

人诗意地栖居在大地上，充满了仁善、温柔与浪漫。这可能不只是无锡一地给世人留下的印象，也是整个江南地区的文化特质，但并不是每一座江南城市都能在土特产中找到那种同时具备“水润、甜美、温情”的象征符号。

巧合的是，阳山“水蜜桃”（图 6–7）恰恰同时拥有水多、甜蜜、温婉的特征，这或许是无锡独特的土壤、水和空气等特质所赐。阳山水蜜桃果形大、色泽美，皮韧易剥、香气浓郁，汁多味甜，入口即化，向来有“水做的骨肉”之美誉。阳山水蜜桃的温情也不只是一种抽象的感受，而是有着实实在在的功效，带给人们真实的幸福。譬如，由于桃子果肉中含铁量较高，所以食桃具有促进血红蛋白再生的能力，可防治因缺铁引起的贫血；由于桃仁提取物可扩张肝内门静脉，因此可促进肝血循环及提高肝组织胶原酶活性，促进肝内胶原酶的分解代谢，还能使肝微循环内红细胞流速增加，促使胆汁分泌；

图 6–7　无锡阳山“水蜜桃”

由于桃仁中含有苦杏仁甙、苦杏仁酶等物质，水解后对呼吸器官有镇静作用，所以能止咳平喘；由于桃花中含有条酚，具有利尿作用，所以能除水气、消肿满……

诚然，桃子在中国传统文化中拥有一些特定的意象所指。其一，桃有多子多福的内涵。桃字为“木”“兆”偏旁结构，兆为十亿，有数量极多之意。《本草纲目》记载：“桃性早花，易植而子繁”，有宜室宜家之意，因此中国古人很早就把桃与生殖崇拜联系在了一起。其二，桃是美丽的代言。桃花红艳颇似女子面容，故常被古代诗文用来描绘女子娇媚的容颜，灵波妙动之眼也被称为“桃花眼”。《诗经·周南·桃夭》：“桃之夭夭，灼灼其华。”“华”即花，“夭夭”与“灼灼”乃繁茂之姿与开放之灿烂。其三，桃具有消灾辟邪的功能。民间以桃木为神木、仙木，认为可以禳灾辟邪、驱鬼降妖；正如宋代王安石诗言：“爆竹声中一岁除，春风送暖入屠苏。千门万户曈曈日，总把新桃换旧符。”其四，桃含有福寿喜庆之意。民间俗语有：“桃养人，杏伤人，李子底下埋死人。”所以民间喜欢用桃来祈福，称之为“仙果”“寿桃”，桃与灵芝合称仙寿，桃与蝙蝠合称福寿，都是寄寓延年益寿、吉祥喜庆之意。其五，桃有仁义宽厚之意。这一含义主要源自刘备、关羽、张飞三人在花开正盛的桃园结义的传说。其六，桃象征对理想王国的向往。这一意涵来自于陶渊明的《桃花源记》，让人们看到了“夹岸数百步，中无杂树，芳草鲜美，落英缤纷……”所有尘世的污浊、黑暗、丑恶都被洗濯和净化了，留存的是一个浪漫、唯美的理想归宿和精神家园。桃在中国传统文化中的这些象征意义，与“诗意地栖居”这一文化特质是大体吻合的。

然而，就旅游纪念品而言，找到了地方文化的核心特征与象征物只是产品设计策划的第一步。如果说文创产品是要连接历史传统与现实生活，那么这一步仅仅是在历史传统这一端找到了一个“桥墩”，而真正的设计是要让产品为现实生活世界服务，因此依然要到当代人的生活实际中去寻找真实的功能需求，再通过形态符号、色彩表现、材质选择、情感连接等方面的再设计，传递出无锡城市“水润、甜美、温情”的故事，为旅游者留下美好的记忆。

（1）形态符号的文化传达

形态作为一种物品的外在表现，是传递信息、沟通交流的主要媒介。虽然水蜜桃这一实物形象已经蕴含了“诗意的栖居”象征意义，但并不意味着产品设计可以直接应用这一具象符号，具象符号只有经过简化、抽象、变形、重组等处理，才能形成适合产品功能或审美风格的设计符号，使之符合现代设计理念，并与产品功能与形态融为一体。不论我们将无锡或江南的文化特质称之为诗意还是温情，雅致舒展都应是这一地域文创产品的基本造型风格。无论是“小桥流水”“粉墙黛瓦”，还是江南刺绣、宜兴青瓷，反映的都是江南水乡的柔和性。因此，形式柔美、色彩缤纷、温文尔雅应当是江南旅游纪念品外观形态的基本风格。

（2）色彩表现的文化传播

水蜜桃的色彩表现形式比较复杂，青里泛白，白里透红，还有一种毛茸茸的视觉感受，这样一种综合的视觉感受所传递的或许就是所谓的“温情”。因此，在旅游纪念品设计中，设计师应该把握和利用这种色彩的情感与象征意义，充分体现产品的地方文化特质。

（3）材质选择的文化表现

从符号学角度来看，材料的重要性不仅在于其自然属性，还在于它给消费者带来的意象。在旅游纪念品设计中，设计师应充分利用当地特有的天然材质，将传统工艺、材质与现代工艺、材质有机结合起来，既传达出特有的文化气质，又表现出现代特色。

（4）情感因素的文化内涵

纪念品的情感是消费者在使用过程中，因其自身生理和心理的需要而产生的精神需求，因此纪念品设计必须追求功能与情感的平衡，要把消费者在使用过程中的心理感受放在首位。

第三节　旅游纪念文创产品案例赏析

旅游纪念文创产品是旅游目的地最佳的“形象大使”，体现旅游目的地独特的文化内涵，保存旅游者对一次愉快旅游经历的纪念，一般同时具备欣赏价值、使用价值和收藏价值，让体验陪伴生活、让陌生变成切近、让有无合理取舍。

1. 熔古铸今：让体验陪伴生活

这是对旅游纪念品在功能设计上提出的要求，要满足消费者的生活日用性需求。这一要求的关键在于始终以用户思维逻辑贯穿设计探索的全过程。

文化表达既要契合本地居民的传统认知，也要符合旅游者的旅游体验。譬如，如果将江南旅游看作是一种水乡旅游，或者是以水乡文化为特点的旅游景区，那么在旅游纪念品开发上应尽量选用源自水乡生活方式的实用功能，体现水乡日常生活领域的活动形式与行为特征，让水乡文化特色植根于人们的衣食住行，如此才能形成水乡特色旅游纪念品。柔韧舒适的刺绣品、朴拙幽雅的蓝印花布（图 6-8）、怀袖雅物的苏扇、风格细腻的雕刻品、价廉物美的竹木工艺品等都是表现水乡特色生活方式和生活功能的设计载体。设计师可以在这些工艺品基础上创新设计，打造更有实用功能的水乡旅游纪念品。值得注意的是，功能选择要尽量摒弃一次性消耗型产品，满足旅游纪念品“记忆”与“证据”的“纪念性”要求，还应尽量选择日常家居用品，便于纪念品的存放和收藏。

图 6-8　蓝印花布

2. 珠联璧合：让陌生变成切近

珠联璧合是一种连接的方式，是创意展开的重要方面，既包括传统与生活的连接，也包含功能与心灵的连接，既可能是让陌生变为亲近，也可能是让熟悉变为陌生，以保持产品某种程度上的新鲜感。一目了然的产品必然是单调的产品，也是没有吸引力的产品。所有这些都需要对产品的形式设计进行从外到内、从色到形的深层次连接。

连接的方式之一是对习以为常的事情做截取、定位处理，方式之二是寻找存在感强的“陌生的东西”。两种方式看似矛盾，却是传统文化创新的必然。譬如，传统造型一定是在特定的时代背景下产生的，适应过去的生产生活方式，其产品外观、装饰图形、色彩表现适应的是当时的消费者的审美观念，但是这些传统纹样（如蓝印花布）受制于当时的工艺或材料，图案的表现形式和内容可能比较单一，这就需要设计师利用其他纹样特别是现代元素进行连接和融合设计，从而更加适应当代人的审美习惯。这种连接需要在不同的元素之间找到相同的、不同的与相关的、不相关的结合点，既可能是陌生的过去与熟悉的现在的连接，如历史文化元素与时尚流行的融合，也可能是不同空间、场景和环境的人、事、物之间的混搭。熙攘文创为无锡博物院印章特展开发的“印泥手拿包”（图 6-9）是一种特殊的连接方式，使用了多种文化元素，外部分别以无锡博物院著名藏画——清代黄易的《竹子图》、冰裂纹瓷器以及博物院标志为素材，内部采用中国红内衬，代表红色印泥，既凸显了印章特展的主题，同时又加深了珠联璧合的设计趣味。

图 6-9　无锡博物院印泥手拿包　熙攘文创

珠联璧合也包括原生材质与现代材料的嫁接。本土材质嫁接现代材料，是破解地方天然材质短缺的必然路径。好的材质是打造高品质旅游纪念品的重要条件，对传统材料与现代材料的嫁接运用也可以获得视觉和触觉新感受，可以更好地表现产品之美。不过，原生材质是旅游纪念品个性化的重要因素，也符合绿色设计的方向，所以在嫁接设计中应在保留地缘优势及独特工艺的前提下，应用科技手段尽量保持产品的自然之美。

3. 化繁就简：以中庸超越平凡

由于要连接传统与现实，文化创意产品设计经常以多个元素组合成一个画面，如果对元素的主次、大小、比例、位置处理不当，就会造成元素堆叠、结构过于繁复等不利状况。化繁就简就是对图形的组织结构或产品的造型结构进行重组或转变，因此是一种重构。重构并非只是模块化的或程式化的，也应是艺术性的或故事性的，既要对某一部分、某种表现方式或某种设计效果等进行合理的取舍，也要对某些元素如纹样进行放大、变形、重叠等夸张或强调处理，使产品能够更加直接地触动大众的认知神经、情感思想，使旅游纪念品设计达到出神入化的效果。因此，化繁就简的设计需要注意三个方面的问题：其一是保持创造性的思维，敢于跳出模块化、程式化的结构重组与转变方式；其二是保持艺术性的追求，以符合当代人的审美观念为原则，达到产品设计的出神入化；其三是保持叙事性的简练，达到产品设计的物情交融。

熙攘文创开发的“双鱼双喜对梳”（图 6–10），其中灵感来自于“阴阳鱼太极图”和“红双喜”图案，无锡自古多浪漫，可称之为喜文化之胜地。自古对梳寄情谊，且双鱼木寓意成双成对；鱼水合欢，双梳青丝定情谊；双喜，是中国民俗中的绝妙创意，对喜并列，如男女并列携手而立，既象征两情相悦，又寓意家庭美满。

图 6–10 双鱼双喜对梳 熙攘文创

实践课题：城市形象系列

《印象·无锡》城市形象旅游纪念品设计

1. 实践目的：根据本章节对旅游纪念文创产品的需求分析，以及对地域传统文化挖掘提炼的思路方法，以“无锡”这一城市为例，进行文创产品设计，要求体现地域文化特色。

2. 设计思路：挖掘探索无锡传统文化；重构无锡地域文化象征符号；产品创意设计。

3. 设计流程及要求：以“印象·无锡”为主题，设计城市形象旅游纪念品，包括 3 个主题关联的品类，每个品类至少有 2 个产品。

（1）收集城市形象旅游纪念品 20 种，说明其优缺点与参考价值。

（2）要求设计的文创产品具备一定的生活实用功能，各品类形成系列。

（3）纪念性与艺术性并重，符合当代审美情趣。

（4）主题：明确、平实，契合城市文化灵魂；形式：多元，彰显时代特征；元素：提炼传统纹样，多角度的视觉重组；符号：处理好传承与创新的关系。

（5）材料：以纸质为主。

参考文献

Reference

1. [德] 本雅明 . 机械复制时代的艺术作品 [M] . 王才勇译 . 北京：中国城市出版社，2001.

2. [德] 莱瑟尔，沃尔夫 . 二十世纪西方艺术史（下卷）[M] . 杨劲译 . 北京：商务印书馆，2015.

3. [加] Eric Karjaluoto. 设计的方法 [M] . 张霄军，褚天霞译 . 北京：人民邮电出版社，2014.

4. [荷] 代尔夫特理工大学工业设计工程学院 . 设计方法与策略：代尔夫特设计指南 [M] . 倪裕伟译 . 武汉：华中科技大学出版社，2014.

5. [美] 哈罗德・尼尔森 . 一切皆为设计：颠覆性设计思维与设计哲学（第 2 版）[M] . 俞强译 . 北京：人民邮电出版社，2018.

6. [美] 科特勒・凯勒 . 营销管理（第 14 版）[M] . 王永贵等译 . 上海：上海人民出版社，2012.

7. [美] 唐纳德・诺曼 . 设计心理学 1：日常的设计 [M] . 小柯译 . 北京：中信出版社，2015.

8. [美] 唐纳德・诺曼 . 设计心理学 3：情感化设计 [M] . 何笑梅，欧秋杏译 . 北京：中信出版社，2015.

9. [日] 原研哉 . 设计中的设计 [M] . 朱锷译 . 济南：山东人民出版社，2006.

10. [意] 罗伯托・维甘提 . 意义创新：另辟蹊径，创造爆款产品 [M] . 吴振阳译 . 北京：人民邮电出版社，2018.

11. [英] 彼得・多默 .1945 年以来的设计 [M] . 梁梅译 . 成都：四川人民出版社，1998.

12. [英] 加文・安布罗斯，保罗・哈里斯 . 设计思维 [M] . 北京：

中国青年出版社，2010.

13.［英］威尔·贡培兹．现代艺术 150 年［M］．王烁，王同乐译．桂林：广西师范大学出版社，2017.

14. 艾海荣．印刷材料［M］．北京：中国轻工业出版社，2017.

15. 陈登凯．设计哲学［M］．西安：西安交通大学出版社，2013.

16. 陈根．工业设计概论［M］．北京：电子工业出版社，2017.

17. 陈蕴智．印刷材料学［M］．北京：中国轻工业出版社，2011.

18. 韩敏．设计美学［M］．武汉：华中科技大学出版社，2012.

19. 何人可．工业设计史［M］．北京：北京工业大学出版社，2004.

20. 胡飞，杨瑞．设计符号与产品语意：理论、方法及应用（第二版）［M］．北京：中国建筑工业出版社，2012.

21. 黄云开．印刷工艺与设计［M］．北京：北京大学出版社，2015.

22. 雷俊霞．书籍设计与印刷工艺（第 2 版）北京：人民邮电出版社，2015.

23. 李砚祖．艺术设计概论［M］．武汉：湖北美术出版社，2009.

24. 梁桂嘉，曾志伟，黄玉梅．地方意象旅游纪念商品的创意设计 .// 载罗昌智、董泽平主编．两岸创意经济研究报告（2017）［M］．北京：社会科学文献出版社，2017.

25. 梁梅．设计美学［M］．北京：北京大学出版社，2016.

26. 柳沙．设计心理学（升级版）［M］．上海：上海人民美术出版社，2016.

27. 刘震元．产品设计程序与方法［M］．北京：中国轻工业出版社，2019.

28. 吕品田．必要的张力［M］．重庆：重庆大学出版社，2007.

29. 孙长初．中国古代设计艺术品鉴赏［M］．重庆：重庆大学出版社，2016.

30. 田自秉．中国工艺美术史（修订本）［M］．上海：东方出版中心，2010.

31. 万书元．艺术美学［M］．北京：高等教育出版社，2006.

32. 王利婕．印刷工艺［M］．北京：中国轻工业出版社，2018.

33. 王连海．中华传统吉祥图案知识全集［M］．北京：气象出版社，2015.

34. 王受之．世界现代设计史（第二版）［M］．北京：中国青年出版社，2015.

35. 王秀伟．文化创意产业视域下的博物馆文化授权研究［D］．合肥：中国科学技术大学，2016.

36. 肖英隽．图形创意（第 2 版）［M］．北京：清华大学出版社，2017.

37. 徐恒醇．设计符号学［M］．北京：清华大学出版社 ,2008.

38. 叶朗．美学原理［M］．北京：北京大学出版社，2009.

39. 尹定邦 , 邵宏．设计学概论（全新版）［M］．长沙：湖南科学技术出版社，2016.

40. 张立波．文化产业项目策划与管理［M］．北京：北京大学出版社，2013.

41. 张凌浩．符号学产品设计方法［M］．北京：中国建筑轻工业出版社，2011.

42. 郑建启，李翔．设计方法学［M］．北京：清华大学出版社，2006.
43. 钟蕾，李杨．文化创意与旅游产品设计［M］．北京：中国建筑工业出版社，2015.
44. 陈婷．台北故宫博物院纪念品设计的文化符号研究［J］．装饰，2016.3．
45. 高静，焦勇兵．旅游目的地品牌差异化定位研究：基于品牌个性视角［J］．旅游学刊，2014.3.
46. 高明．博物馆文化产业开发研究［D］．郑州：郑州大学，2013.
47. 郝畅．博物馆文化创意产业的现状分析［J］．北京印刷学院学报，2018.1．
48. 何倍樟，张阿维．基于中国传统文化创意视角的旅游纪念品设计方法研究［J］．艺术与设计（理论），2014.1.
49. 何晓雷．博物馆文化创意产品开发的特征、问题及对策［J］．学习与实践，2016.12.
50. 江天若．博物馆文创产品开发研究——以台北故宫博物院和苏州博物馆为例［D］．西安：陕西科技大学，2016.
51. 金青梅，张鑫．博物馆文创产品开发研究［J］．西安建筑科技大学学报（社会科学版），2016.
52. 李乘．博物馆艺术授权模式剖析——以台北故宫博物院为例［J］．美术研究，2014.4.
53. 李雷．传统材料在文化创意产品中的创新方法与价值［J］．商情，2017.44.
54. 卢凯翔，保继刚．旅游商品的概念辨析与研究框架［J］．旅游学刊，2017.5.
55. 马振龙，赵鑫，张耀升．民俗文化创意产品设计风格的创新表现［J］．包装工程，2017.9．
56. 彭昊．博物馆文创产品开发策略之我见［J］．中国博物馆文化产业研究，2015.
57. 任广军．技术与世界：文化产业现象学导论［D］．上海：同济大学，2017.
58. 申晟，许雅柯．传统文化在创意产品设计中的运用［J］．包装工程，2019.1.
59. 王雨彤．中国元素提取设计方法研究［J］．工业设计，2016.8.
60. 武源．地域特色文创产品设计的创意思维研究［J］．湖南包装，2018.5.
61. 杨蕾．博物馆经典藏品资源的文创产品开发［J］．东南文化，2018,1.
62. 杨盼盼．文物符号解读与文创产品设计方法研究［J］．中国博物馆，2017.3.
63. 阴鑫．中国博物馆文化创意产品开发研究——以北京故宫博物院为例［D］．开封：河南大学，2016.
64. 张楠．从地域文化结构看旅游纪念品设计［J］．大舞台，2014.1.
65. 张尧．基于博物馆资源的文化创意产品开发设计研究［D］．苏州：苏州大学，2015.
66. 章义平．关于博物馆文化衍生品开发的认识与思考［J］．东南文化，2011.5.

67. 周晓健 . 论文化创意产业的审美经济力：以故宫博物院文化创意产业为例［J］. 经济与社会发展，2017.2 .

68. 朱上上 . 产品设计中基于设计符号学的文物元素再造［J］. 浙江大学学报 (工学版) ,2013.11.